Genoveva De Brabante

Christoph von Schmid

Nabu Public Domain Reprints:

You are holding a reproduction of an original work published before 1923 that is in the public domain in the United States of America, and possibly other countries. You may freely copy and distribute this work as no entity (individual or corporate) has a copyright on the body of the work. This book may contain prior copyright references, and library stamps (as most of these works were scanned from library copies). These have been scanned and retained as part of the historical artifact.

This book may have occasional imperfections such as missing or blurred pages, poor pictures, errant marks, etc. that were either part of the original artifact, or were introduced by the scanning process. We believe this work is culturally important, and despite the imperfections, have elected to bring it back into print as part of our continuing commitment to the preservation of printed works worldwide. We appreciate your understanding of the imperfections in the preservation process, and hope you enjoy this valuable book.

BIBLIOTECA
MORAL-RECREATIVA
ILUSTRADA.

IV.

Segunda edicion.

ES PROPIEDAD.

Barcelona.-Imp. de El Porvenir, de la V. de Bassas.
á c. de J. Medina. Tallers, 51.—1867.

GENOVEVA.

Detente ahí, Genoveva, é híncate de rodillas en tierra. Ahora suelta tu niño, y tú, Enrique, véndale los ojos.

GENOVEVA DE BRABANTE.

Cristóbal Schmid.

Traducido por

D. José Arroyo y Almela.

J.R.B.

BARCELONA
JUAN ROCA Y BROS, EDITOR
Calle de la Platería N° 44 P° 1°
1866.

R 664.836

C

M. I. S.

He leido y examinado atentamente la novelita *La Genoveva de Bravante*, que se intenta publicar en la *Biblioteca moral recreativa* que con anuencia de V. S. sale á luz en esta capital.

Es digna dicha novela de figurar en la *Biblioteca* mencionada. Es de lo mejor que hay en esta clase de composiciones. La inocencia oprimida, pero saliendo al último triunfante; el vicio y la calumnia levantando primero su orgullosa y descarada frente, pero confundidos, castigados y aplastados despues, hé aquí, M. I. S. todo el plan de la referida novelita. Sus máximas son escelentes y sanas, bellos y conmovedores sus rasgos, muy pura su moral. Es tambien para toda clase de personas.

No dudo que hará mucho bien, si se imprime.

Este es mi parecer, *salvo semper meliori*.

Lo que tengo el honor de participar á V. S. á los efectos oportunos.

Dios guarde á V. S. muchos años.

Barcelona 15 setiembre de 1862.

S. S. S.

Manuel Rodriguez, Pbro.

M. Iltre. Sr. D. Juan de Palau, Vicario general capitular de la diócesis de Barcelona.

Barcelona 18 setiembre de 1862.

En vista de la resultancia de la censura hecha acerca la obra aquí espresada, concedemos el permiso correspondiente para su impresion.

El Vicario general Capitular.

Juan de Palau y Soler.

PRÓLOGO.

A vosotras, buenas madres, va principalmente dedicado este librito, á vosotras, las que sois sensibles á todo lo honesto y hermoso, y que teneis, por lo mejor y mas bello de la tierra nuestra sacrosanta religion: á vosotras, sí, y á vuestros caros hijos, en cuyos corazones anhelais despertar estos bellos sentimientos y conservarlos puros.

Nada hay mas amable que una madre poseida de entrañable ternura, cuando en derredor de sí reune sus hijos y los instruye en lo mejor y mas bello que tenemos en la tierra, mientras estos, con su ansia de saber, estrechándose junto á la afectuosa madre, quedan pendientes de los labios de ella.

Sírvaos, buenas madres, esta historia como una pequeña ayuda que os alijera un poco la encantadora tarea de la enseñanza de vuestros hijos, haciéndoles unas cuantas horas tan instructivas como agradables Para ello el autor se ha esforzado á ser en su narracion tan claro y sencillo que un niño le pueda comprender, pero al mismo tiempo ha procurado describir y representar las cosas de tal modo que tambien una madre ilustrada, y hasta un hombre culto, puedan no sin emocion tener la obra en las manos.

Si me preguntais, buenas madres, si todo exactamente aconteció segun se cuenta en este librito, os responderé que los principales sucesos tienen la *verdad* de una *historia*, y que á los pequeños incidentes accesorios el autor ha puesto su conato en darles la *verdad* de una *pintura*.

Para la vida é interesante representacion de una historia son tan necesarios estos al narrador como al pintor los colores para su cuadro. Atiéndase únicamente á escogerlos de tal suerte que nada entrometan de estraño en la historia, y resalten de ella como flores en su nativo suelo. ¡Ojalá se logren los deseos del autor!

Esto, buenas madres, era cuanto os tenia que decir. Basta que leais simplemente á vuestros hijos la historia, que por sí sola obrará sus efectos. Si por acaso alguno me dirijiese la pregunta de por qué motivo he ido á escudriñar entre los tiempos tenebrosos de la antigüedad acontecimientos sumidos en el polvo de los siglos, permítaseme que deje responder á esto á un escritor de reputacion universal. «Ningun hombre de tal cual instruccion negará que en este polvo pueden hallarse granos de oro puro. En los oscuros siglos de la cristiandad mostrábanse las potencias del espíritu con tan valientes rasgos de sencillez, con tan pura belleza y dignidad, que cualquiera otro adorno les era superfluo.»

Pero basta. Yo confio en que todo amigo de la religion, si pone la vista en estas páginas con cierta estrañeza, se reconciliará al fin con la eleccion del autor y la heroina de la historia, ó mas bien con el homenaje á la religion que en la vida de una santa mujer se representa viviente.

En cuanto á la fama del libro, nada mas pretende el autor. Algunas lágrimas de piadosa emocion, y en casos de penas semejantes, el consuelo de la confianza en Dios, serán para el autor el mas rico galardon á que siempre aspirará.

GENOVEVA DE BRAVANTE.

CAPÍTULO I.

Casamiento de Genoveva con el Conde Sigifredo.

Genoveva, condesa palatina, fué dada á luz hace ya una porcion de siglos, y en una época fecunda en prósperos acontecimientos y bendiciones para la Alemania. La aurora del Evangelio acababa de disipar en el país las tinieblas de la idolatría. La dulce doctrina de Jesucristo comenzaba á suavizar la rudeza de costumbres de nuestros bravos antecesores. Asimismo el suelo, hasta entonces inculto y estéril, estaba en sazon de tomar, bajo la mano laboriosa de los primeros propagadores del cristianismo entre los Germanos, un aspecto mas risueño; convirtiéndose insensiblemente muchos de sus dilatados bosques en ricos campos laborables, y en jardines esmaltados de flores.

La inmensa mayoria de los señores alemanes, regocijábase del doble beneficio que se habia difundido sobre sus tierras y sobre sus súbditos por los progresos de la religion cristiana, y ellos eran los primeros en rendir los mayores homenajes á tan celeste doctrina.

Del número de los señores animados de este espíritu, era el duque de Bravante, padre de Genoveva. Universalmente admirado por su arrojado valor y suma intrepidez en los combates, no era menos reverenciado y querido por sus cristianos sentimientos, su celoso amor á los hombres, é incorruptible justicia. Su esposa la duquesa le igualaba en la perfeccion de sus nobles sentimientos: puede decirse que eran dos cuerpos y un alma: y Genoveva, hija única de este bendecido enlace, amada por ellos con una ternura inefable, recibió la educacion mas esmerada.

Ya desde su infancia mostró Genoveva un entendimiento claro, un corazon el mas noble y sensible, y en todo su proceder una indole de paz y mansedumbre, y una modestia y amabilidad nada comunes. Si conforme á la costumbre de aquella época la duquesa sentábase al torno para hilar, la tierna Genoveva, de edad de cinco años entonces, situábase á su lado en un taburetito, aprendia á cojer bien el huso entre sus diminutos dedos, concluyendo por sacar de su rueca bien delgados y torcidos hilos. Durante el hilado, las preguntas ingeniosas que dirigia á su madre, las acordes respuestas que daba á las que se le dirigian, espresando cada palabra con dulzura, claridad y circunspeccion llenaban de admiracion á todos los que la oian asombrados de su sabiduria, y no cesaban de repetir que con el tiempo debia ser esta amable niña una criatura estraordinaria. Cuando á la edad de diez ó doce años, se la veia en la iglesia, entre su padre el duque y la duquesa su madre, arrodillada ante el altar sobre el reclinatorio cubierto de una tela de púrpura, con su amable y agraciado semblante en el que se reflejaba la piedad, con sus mejillas sonrosadas por el encarnado de la inocencia, con sus largos cabellos blondos que flotaban en naturales rizos sobre sus espaldas, con sus hermosos ojos azules que ora los elevaba al cielo con piadoso recogimiento, ora los bajaba á tierra con un sentimiento de adoracion indescriptible, hubiérasela tomado por un ángel descendido del cielo.

En la choza del pobre, sobre todo, era

donde aparecia como un verdadero ángel de consolacion. Ella distribuia á los niños indigentes vestidos cosidos por sus manos, y frecuentemente se la veia depositar en

las de las madres el oro que recibiera de su padre para su propio adorno. Al amanecer, ó bien favorecida por el crepúsculo de la noche, veíasela con una cesta de provisiones al brazo dirigirse presurosa á la cabecera de los enfermos, llevándoles alimentos propios á restablecer sus fuerzas, y esquisitas frutas, raras todavía en Alemania, que se le habian dado para ella, y que se quitaba de la boca para darlas á los menesterosos.

Así crecia Genoveva, que á los diez y ocho años, imágen acabada de la beldad y la inocencia, era propuesta á las doncellas del señorío por sus madres como el modelo de la piedad, modestia, aplicacion y de todas las virtudes amables en una jóven de su sexo.

Sucedió en esto que un intrépido caballero nombrado Sigifredo, igualmente recomendable por la nobleza de su estirpe que por lo generoso de sus sentimientos y la consideracion de que gozaba, habiendo salvado la vida al duque en una batalla, este, al terminar la campaña, le invitó á que permaneciese en su castillo, llegándole á cobrar un cariño verdaderamente paternal, hasta el punto de darle á su hija por esposa. El dia en que Genoveva debia partir con su esposo, fué para las inmediaciones de la residencia del duque, y para todo el pais y su contorno un dia de afliccion; no habiendo nadie que dejase de llorar su ausencia. Ella misma no podia menos de deshacerse en lágrimas.

Su venerable padre, estrechándola una vez mas todavía entre sus brazos y confundiendo su llanto con el suyo:

«Parte, le decia, ve querida hija. Tu madre y yo ya somos ancianos: nosotros ignoramos si el cielo nos reserva la felicidad de volver á verte algun dia; pero Dios te acompaña, y sea cual fuere el pais á donde encamine tus pasos, no lo dudes, Él estará contigo. Tenle siempre ante tu vista y en tu corazon como te lo han recomendado tus padres; camina exactamente por la senda de sus divinos preceptos sin separarte de ella en lo mas mínimo. Si perseveras siempre en esta via, nosotros estaremos tranquilos sobre tu suerte y moriremos consolados.»

Su madre, á su vez, rodeándola entre los trémulos brazos, en medio del llanto y los sollozos que entrecortaban sus palabras:

«Adios, mi querida Genoveva, le decia, que la bendicion del Señor te acompañe! Oh! Yo no se lo que en su providencia te tiene destinado, y no obstante tengo el corazon oprimido con todo género de siniestros presentimientos. Sin embargo, tú fuiste siempre una hija tierna y obediente, la mayor alegria de tus padres en la tierra, jamás nos diste motivo de afligirnos. Y bien, consérvate buena en lo sucesivo. No hagas nunca nada de que puedas avergonzarte ante Dios y ante tus padres. No, no cesaré de repetírtelo, se siempre buena, y entonces, aun cuando no debamos volver á vernos en la tierra, nos veremos al menos otra vez en el cielo.»

Volviéndose á continuacion los padres de Genoveva hácia el conde, el duque y la duquesa le dijeron cada cual por su parte:

«Lleváosla, pues es preciso, oh nuestro buen hijo! Es nuestro mas precioso tesoro, y digno premio vuestro. Amadla, ¡pobre niña! y sed para con ella el padre y la madre de que carecerá en adelante.»

El conde Sigifredo así lo prometió, é hincado de rodillas con Genoveva recibieron ambos la bendicion paternal. En este momento entró el obispo que habia consagrado la union de los jóvenes esposos. Llamábase Hildolfo, y era un piadoso y venerable anciano, de cabellos blancos como la nieve, aunque todavia sus mejillas tenian la frescura y el tinte de las rosas. Él, alzadas las manos, bendijo á su vez á los esposos, y dirigiéndose mas particularmente á Genoveva:

«No lloreis, la dijo, noble y jóven condesa. Dios os ha destinado para una inmensa ventura, bien que por caminos muy diferentes de los que al presente podeis imaginar. Dia vendrá en que todos los que aquí estamos presentes daremos por ello gracias á Dios con lágrimas de regocijo. Acordaos siempre de las palabras que acabo de pronunciar, hija querida en el Señor; acordaos, que presto os acontecerá algo extraordinario. ¡Plegue al Todopoderoso el estar perpetuamente con vos!

Estas palabras misteriosas del piadoso anciano, que estaba penetrado en un alto grado del temor de Dios, llenaron el corazon de los circunstantes de un presentimiento de que Genoveva estaba destinada á pasar por singulares y maravillosas aventuras; y al dolor que ocasionaba en todos su partida, vino á suceder una humilde y silenciosa adoracion de la divina Providencia. Acto continuo, el conde ayudó á su jóven y afligida esposa, cuyas mejillas humedecidas por las lágrimas semejaban á los lirios bañados del rocío, á montar en el soberbio palafren magníficamente enjaezado y dispuesto para ella, lanzándose él á su vez sobre su brioso corcel, y bien pronto entrambos desaparecieron seguidos del numeroso séquito de caballeros, escuderos y pajes.

CAPÍTULO II.

Parte el conde Sigifredo á la guerra.

El castillo, residencia del conde, llamado fortaleza de Siegfridsburgo, estaba situado sobre rocas en un bello y delicioso parage entre el Mosela y el Rhin. Cuando el conde, acompañado de su jóven esposa arribó á sus puertas, ya estaban prontos á recibirlos todos sus sirvientes y vasallos, así hombres como mujeres, mozos y doncellas, ancianos y niños, ataviados con sus mejores galas. La vasta portada del castillo habia sido adornada con soberbias guirnaldas y verdes follages, y tambien por el tránsito se habian esparcido flores y enramadas. Todos los ojos estaban fijos en Genoveva, hallándose todos los habitantes de los dominios de Sigifredo llenos de curiosidad por ver á su nueva señora. A su vista, todos quedaron sobrecogidos de asombro, pues en el semblante de Genoveva se reflejaba tan bien como en un espejo, cuanto podia indicar una alma pura, benévola y adornada de todos los dones del cielo; y verdaderamente, la espresion de sus facciones, ofrecian algo de celeste, y su hermosura de sobrenatural.

Apeádose que hubo Genoveva, saludó cordialmente á todos los buenos habitantes del señorío en términos por demás naturales y bondadosos. Ella se dirigió preferentemente á las madres que venian á rodearla conduciendo en brazos ó de la mano á sus hijos, empleando un tono tan cariñoso, informándose de los nombres y edades de los niños, y regalándolos tan liberal y generosamente que todos quedaron encantados. Mas, cuando despues de haberse manifestado tal, Sigifredo anunció que á escitacion de su esposa iba á doblar el salario de todos sus sirvientes y el sueldo de todos sus soldados por aquel año, y que todos sus vasallos serian exentos tambien por igual tiempo del arrendamiento, y que los pobres no mendigantes recibirian á domicilio una rica dádiva en mies y leña, aquello fué un delirio, un clamor de regocijo universal. Las lágrimas del reconocimiento veíanse brillar en los ojos de todos, y felicitábanse mutuamente, y no cesaban de repetir que el condado y el conde eran dichosos por tener el uno tal señora y el otro tal esposa; y no hubo uno que no elevase al cielo los mas fervientes votos por la felicidad de los jóvenes consortes. Los mismos guerreros, soldados veteranos del conde, hombres impasibles, de centelleante armadura, que con la espada al lado y empuñando la lanza para hacer los honores á su señor estaban inmóviles, y con marcial continente, no pudieron impedir se deslizasen lágrimas lucientes sobre sus ásperos bigotes.

Sigifredo y Genoveva vivieron por algun tiempo en la mas venturosa concordia. Su ventura, empero, no se prolongó mas allá de algunas semanas.

Al anochecer de un dia, cuando ya habian dejado la mesa y se acababan de encender luces, Sigifredo y Genoveva hallábanse alegremente sentados el uno junto al otro en la estancia donde de ordinario hacian la vida. Genoveva hilaba y cantaba, y Sigifredo la acompañaba con el laud, cuando de improviso oyeron resonar á la parte de afuera y delante del castillo los bélicos clarines.

«Qué ocurre? preguntó alarmado el conde corriendo al encuentro de su primer escudero que entraba al propio tiempo con paso acelerado.

—Guerra! guerra! contestó este. Los moros desde España han hecho una súbita irrupcion dentro de Francia, y amenazan llevarlo todo á sangre y fuego. Dos caballeros portadores de órdenes del rey acaban de arribar en este momento. Forzoso nos es esta misma noche, si es posible, ponernos en marcha para reunirnos sin demora con el ejército real.»

A esta nueva, apresuróse Sigifredo á bajar y hacer el debido recibimiento á los caballeros á los que condujo al salon de ceremonias. Por su parte, la condesa, se fué mas muerta que viva á la cocina donde hizo preparar lo necesario para sus huéspedes; porque en aquel tiempo las mas principales señoras se ocupaban de los pormenores del menage, sin creer faltar por esto á su dignidad. El conde pasó toda la noche en aprestos de campaña, despacho de mensageros á sus tropas de la comarca, y dictar disposiciones propias á mantener el órden durante su ausencia. Todos los caballeros de las cercanías afluyeron bien pronto al castillo para partir juntamente con él, y en su recinto solo resonaba el estruendo de las armas, las pisadas de los guerreros y el estridor de las espuelas.

Toda la noche estuvo Genoveva sin darse un momento de reposo. Al paso que sucedianse sin cesar sugetos á quienes agasajar, tenia que sacar y empaquetar las ropas y todo lo que al conde podia serle necesario para el viaje. Al rayar la aurora, todos los caballeros, acudiendo al llamamiento armados de piés á cabeza, se habian reunido en el salon al rededor del conde, que armado igualmente de todas armas, se presentó en medio de ellos coronado el yelmo con un ondeante penacho. Los peones y ginetes formados ya en órden de batalla en la vasta plaza del castillo, esperaban solo el toque de partida.

Genoveva entró entonces en el salon, y segun la usanza de aquellos tiempos caballerescos, presentó á su esposo la espada y la lanza.

«Emplea estas armas, le dijo, por la gloria de Dios y de la patria: sean ellas en tus manos la proteccion del inocente desvalido y el terror de los viles y arrogantes invasores, los infieles!»

Así habló la condesa, que cayó, pálida

como el blanco pañuelo que tenia en la mano, en brazos de Sigifredo. Mil siniestros presentimientos atravesaron por su mente, mostrándole en el porvenir, bajo una forma vaga é indeterminada por entonces, crueles sufrimientos.

«Ah! Sigifredo, suspiró la desdichada, si quizá no te volveré á ver mas!»

Y cubria su semblante con el blanco lienzo que humedecia con sus lágrimas.

«Consuélate, querida Genoveva, le contestó el conde enternecido, nadie podrá ofenderme si Dios me protege. Donde quiera que vaya yo estaré bajo el amparo de su diestra. Tan próximos nos hallamos á la muerte en nuestra casa como en el campo de batalla: solamente la mano del Señor es la que nos preserva de ella á cada instante. Rodeados de su santa proteccion quedamos tan seguros en medio de los mas sangrientos combates como en nuestra misma fortaleza. Quien teme á Dios nada tiene que temer nunca. Ve aqui, amada mia, porque no siento el menor espanto y porque me ves tranquilo. Yo he confiado, despues de Dios, á mi fiel intendente el cuidado de todo cuanto te concierne, como tambien el del castillo y del condado: desde ahora él queda constituido castellano y administrador de mis haciendas. En cuanto á tí, querida esposa, te recomiendo á las bendiciones del Altísimo. Adios, tenme en la memoria y ora por mí.»

El conde lanzóse al decir esto fuera de la estancia: Genoveva, empero, siguióle para acompañarlo hasta el pié de la escalera principal. Todos los caballeros les siguieron. Un momento despues la puerta del castillo se abrió para darles entrada en la gran plaza; y ya en ella, los clarines de guerra resonaron, y las espadas, desenvainándose unánimes para saludar al conde, relucieron heridas del sol que acababa justamente de aparecer. El, para ocultar las lágrimas que brillaban suspendidas de sus parpados, saltó veloz sobre su corcel de batalla, que puso al galope despues de dirigir una mirada impregnada de amor á Genoveva. Con un estrépito comparable al trueno, siguiendo su ejemplo, los caballeros seguidos de sus gentes aguijonearon tambien sus alazanes, dejando en breve tras sí el puente levadizo que retembló al atravesarle. Genoveva, desde el torreon, siguió con la vista la numerosa hueste de Sigifredo á quien despedia con su pañuelo, no retirándose de allí hasta que desapareció el último soldado. Despues, corrió á encerrarse en su aposento para llorar á sus anchas, y pasó de este modo el resto del dia sin tomar el menor alimento.

CAPÍTULO III.

Falsa acusacion contra Genoveva.

Desde la partida del conde, Genoveva vivia en el fondo de su castillo en el mas profundo retraimiento. Cuando la aurora venia á iluminar con sus rosados reflejos los sombríos bosques de abetos, hallábala sentada trabajando junto á la gótica ventana; y á la manera del rócio, sus lágrimas bañaban las flores del bordado de tapicería en que se entretenia. No bien el esquilon de la capilla del castillo anunciaba la hora de la misa, dirigíase á ella, y allí, con fervor, rogaba á Dios por la salud de su esposo. Durante el oficio divino, jamás se vió su reclinatorio vacío en la iglesia. En ella, y en un absoluto recogimiento, solia pasar muchas horas de la media noche. Con frecuencia reunia en torno suyo á las doncellas de la aldea situada al pié del castillo, á las que enseñaba á hilar y coser, y en los ratos de labor les referia hermosas historietas. Amiga de los enfermos y los desvalidos desde su mas tierna infancia, ella era para ellos una verdadera madre. No habia menesteroso alguno á quien no proporcionase ocupacion ó recursos, y no bien sabia que habia un enfermo en alguna parte, iba á visitarle á su choza, y con la amabilidad de sus maneras y afectuosa persuasiva alentábale á tomar las bebidas mas repugnantes. Su vigilancia se estendia asimismo sobre todo el castillo, en el que se esforzaba, en cuanto estaba de su parte, reinase el órden y buenas costumbres, no permitiendo entre sus subordinados nada que desdijese de la virtud.

El mayordomo á quien el conde al partir habia confiado el cuidado de todos sus bienes se llamaba Golo. Era este un hombre fino, bien educado, que con sus inisnuantes palabras y buenas maneras sabia captarse la benevolencia de todos y sorprender su confianza; pero al mismo tiempo hombre sin temor de Dios ni conciencia. Su gusto y conveniencia eran los principios que reglaban su conducta. Él no reparaba en si era bueno y justo lo que hacia: ¿era útil? ¿era agradable? he aquí lo que únicamente consultaba.

Inmediatamente que partió el conde empezó Golo á echarla de señor dominante. El iba á toda hora vestido con mas magnificencia que el conde, daba grandes banquetes, concertaba para cada dia una diversion diferente, en una palabra, dispendia á manos llenas los bienes de su señor. Por otra parte trataba con arrogancia á los antiguos y leales servidores del conde, reducia el salario á los mas infelices y laboriosos jornaleros, y era incapaz de dar un bocado de pan á los pobres.

Únicamente para con Genoveva manifestaba el respeto y la veneracion mas profunda, no teniendo límites su agrado y oficiosidad para con ella.

La condesa manteniéndose siempre digna y reservada con Golo, jamás trabó conversacion con él á no ser de asuntos de que estrictamente no podia prescindir, y aun en estos casos todas sus observaciones tendian á volverle á los rectos caminos del deber. Golo al principio aparentó obedecerla y procuraba seriamente correr un velo sobre sus faltas ó paliarlas al menos; pero poco á poco fué tomando alas su osadia y por último su descaro llegó hasta el punto de hacer á la condesa las mas deshonrosas proposiciones que pueden hacerse á una señora, casada ó de estado honesto, que estime su honor en lo que vale. Estas proposiciones infames fueron desechadas con todo el horror y menosprecio que se merecian; por lo que Golo, desde este momento, trocando en odio el amor, resolvió perder á Genoveva.

Esta, que nada bueno presentia de parte de Golo, escribió al conde pintándole á este malvado tal como él era, terminando por pedirle la gracia que alejase de su servicio un hombre tan peligroso. Acto contínuo, valiéndose de Draco, el cocinero del conde, que era muy hombre de bien, celoso de los intereses de sus amos y que resistia en cuanto estaba de su parte las criminales maquinaciones de Golo, le entregó la carta que él se encargó de remitir secretamente al conde por medio de una persona de entera confianza.

Para el astuto Golo no pasó desapercibido lo que proyectaba la condesa. En el momento en que ella acababa de poner en manos de Draco la carta que escribiera para su esposo, precipitóse con la espada desnuda en el aposento de la dama y atravesó de una estocada en su presencia al infortunado que cayó exánime sobre el pavimento exhalando un quejido formidable. Toda la gente del castillo corrió precipitadamente allá, y se encontraron en su sitial á la condesa pálida, sin acertar á decir una palabra, pues el espanto habia ligado su lengua, y á sus piés el buen Draco revolcado en su sangre, mientras Golo, de pié y blandiendo la enrojecida espada, lisonjeábase de haber vengado el honor del conde, profiriendo contra el muerto y contra la condesa calumnias tan vergonzosas, que ruborizaron á todos los criados y demás servidumbre del castillo

Acto contínuo el miserable expidió un mensajero al conde con una carta llena de calumnias y mentiras en que le pintaba á Genoveva—á Genoveva,—la mas piadosa y pura de las mujeres, como una esposa desleal y deshonrada; y mientras llegaba la respuesta, la aherrojó en lo profundo del calabozo mas hondo del castillo.

Golo conocia bastante á fondo el carácter de su amo. Reconocíale lleno de nobles sentimientos, justo, compasivo y generoso, pero que á estas escelentes prendas, unia una extrema fogosidad y no sabia refrenar sus ciegos arrebatos escitados por el resentimiento y los celos.

«Esta sola propension, decia el astuto malvado, indómita en un hombre por otra parte tan bueno, viene á ser lo mismo que el anillo en la nariz del oso. Asi puede llevársele á donde se quiera.»

En su consecuencia, Golo, tuvo por seguro que en el primer arrebato de ira el conde le daria órden de hacer morir á Genoveva.

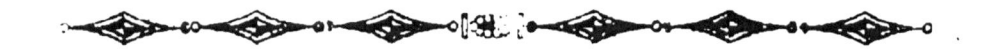

CAPÍTULO IV.

Genoveva en la prision.

EL calabozo destinado para encierro de los malhechores al que comunmente se le daba el nombre de *calabozo de los pobres penitentes* era la prision mas horrorosa del castillo. Genoveva jamás pudo pasar junto á él sin estremecerse interiormente y sentir desgarrársele el corazon, y eso que solo iba á visitar á los infelices encarcelados. Al presente era ella la que se veia aherrojada en lo mas profundo de esta espantosa cárcel. La bóveda era tan espesa, tan sombría, tan espantosa como la de un sepulcro. Las paredes de un gris igualmente sombrío, con la humedad estaban recubiertas de musgo. El piso formado de ladrillos encarnados. Dentro de él nunca el cautivo pudo entrever el sol ni el pálido disco de la luna. La escasa luz que penetraba por una estrecha abertura defendida por fuertes barrotes de hierro no servia mas que para hacerle perceptible la pálida blancura de su vestido y los horrores de tan espantoso encierro.

Temblando de temor y de angustia y casi muerta de dolor y de pena Genoveva comenzó por dejarse caer sobre el haz de paja que le servia de lecho. Junto á sí tenia un cántaro de barro con agua, y por todo alimento un negro y escaso pedazo de pan.

Recobrada de la primera impresion de consternacion y de espanto, juntando con fervor sus manos y elevando al cielo sus ojos arrasados de lágrimas:

«Oh Padre celestial que me veis precipitada en este subterráneo calabozo, á vos dirijo mis miradas. Yo estoy en este momento enteramente abandonada. No tengo mas que á vos en el mundo para que me defienda. Mirada alguna, no viene á posarse compasiva sobre mí. Mis lamentos no llegan á los oidos de nadie. Vos, solo veis mis lágrimas; vos, ¡Dios mio! vos atendeis á mis suspiros. Nosotros os tenemos donde quiera enfrente de nosotros. Vos estais hasta en esta lóbrega caverna. Ni mi padre ni mi madre saben, ¡ay! nada de mí, y mi esposo está de aquí muy léjos. En redor mio no encuentro la mano de un amigo que pueda prestarme su apoyo. Vuestro brazo, empero, no ha perdido su poder. Él es el solo que puede descorrer los cerrojos de mi cárcel. ¡Oh padre de misericordia, oh padre mio, tened piedad de mí!»

Largo tiempo estuvo Genoveva sin hacer mas que derramar lágrimas. Sus ojos y sus mejillas estaban hinchados y amorotados á fuerza de llorar. Insensiblemente y á intérvalos sus lágrimas fueron agotándose y como estupefacta á impulsos de la afliccion que la oprimia.

«¡Oh! esclamaba, cuan dichosos son en comparacion mia los hombres mas desgraciados. Ellos ven á lo menos el hermoso azul del firmamento y el verde encantador de las praderas. Ojalá fuese yo una pobre pastorcilla en vez de una princesa ó una infeliz mendiga en lugar de una condesa. Qué bien estaria entonces. Ah! todo me ha sido arrebatado y ya nada me queda. Hasta el sol que brilla para todos, no existe para mí...—Mas no importa, añadió, y sus lágrimas volvieron á correr de nuevo, vos ¡oh Dios mio! sois siempre el Dios de la infortunada Genoveva. Vos sois mi sol. Si, seguid siéndolo siempre. Basta que yo piense en vos, para que todo se serene y se ilumine en mí, y para que mi corazon envuelto en el hielo del quebranto, se disuelva en lágrimas que le reanimen como á las flores el rocio.»

Así diciendo, viniéronla á las mientes las palabras del venerable obispo que habia bendecido su matrimonio.

«¡Con que esta es, esclamaba mirando en torno de su prision, la felicidad que vos, santo varon, me predigisteis, y tras una puerta de flores debia abrirse para mí la de este oscuro calabazo?»

Ella empero se reponia de su poca fé, y resignada, casi consolada, proseguia:

«Toda vez, oh Dios mio, que vos habeis permitido que yo cayese en esta prision, será indudablemente porque me convenga. Sí, tú para bien propio del hombre lo haces todo siempre. Las tribulaciones mismas no son mas que encubiertos beneficios. La apariencia del mal, cela á nuestros ojos la ventura y la felicidad, como la cáscara de que vuestra mano reviste ciertos frutos, encubre unos sabores deliciosos. Yo estoy ya determinada á aceptar en adelante todas estas penas como dones venidos de vuestras paternales manos; mis miradas, de hoy mas, solo se fijarán en vos, sin osar quejarme de mi perseguidor. Pues que vos, Dios mio, lo quereis así, sea, esta es mi morada. Disponed de mí como comprendais. Solamente dignaos enviarme vuestra gracia. Un solo cabello mio no perecerá contra vuestra voluntad.»

Elevado que hubo desde el fondo de su corazon esta plegaria, Genoveva sintió que descendian á él la esperanza y la consolacion, como si una voz interior hubiese hecho resonar en su oido estas palabras:

« Valor, Genoveva, mucho te queda todavía que sufrir, mas el Señor hará cesar tus sufrimientos y te salvará. Hoy los hombres te creen culpable, mas tu inocencia aparecerá mas brillante que el sol.»

Así confortada, se entregó á un sueño ligero aunque reparador.

CAPÍTULO V.

Genoveva es madre en la prision.

Muchos meses continuó Genoveva en la prision, en cuyo largo trascurso no vió á persona alguna á escepcion del infame Golo, quien no cesaba de reiterar sus deshonrosas proposiciones, y que solo á este precio le prometia la reparacion pública de su honor y hacer cesar su cautividad. Genoveva, empero, irreducible, no cesaba de repetirle:

«Mas prefiero parecer deshonrada ante los hombres que serlo realmente. Sí; mas bien quiero morir con una lenta agonía en el abismo de este calabozo, que elevarme hasta el trono de un rey por una falta.»

Sus sufrimientos, entretanto, debian todavia acrecentarse.

Poco tiempo despues de la partida de su esposo habia adquirido la encantadora certidumbre de ser madre. Durante su cruel cautividad llegó este solemne momento, y en ella fué donde dió á luz un hijo.

« Hijo querido, decia la infortunada madre estrechando con ternura á la inocente criatura en su regazo, hete aquí ya entre los muros de este sombrío calabozo en donde debias ver la luz. ¡Ay! ven á mis brazos, y aquí, contra mi corazon, para que te abrigue: tu pobre madre no tiene ni unos pañales con que envolverte. No hay una persona que venga á ofrecerte una cucharada de sopa caliente. ¿Cómo podrá alimentarte esta tierna madre tan estenuada por la enfermedad y los dolores? En esta mansion horrorosa no hay absolutamente para poderte acostar mas que esta paja fétida, ó este duro y frio pavimento de losas. Bajo esta oscura y húmeda bóveda que destila agua, habrás de perecer irremisiblemente de humedad y frio. Oh piedras, ¿porqué rociar así al hijo de mis entrañas con esas gotas? Vosotras sois tambien desapiadadas como los hombres. Mas no, perdonadme: vosotras, mudas paredes, teneis mas sensibilidad que ellos; vosotras no podeis contemplar sin dolor la miseria mia y de mi hijo, y os entristeceis y llorais conmigo. »

Así diciendo, levantando los ojos al cielo, que no le era dado ver en aquella mazmorra, y teniendo á su niño en el aire entre sus brazos temblorosos, proseguia llorando:

«¡Oh Dios mio, yo recibo este hijo, como un presente de vuestras manos! Vos le habeis dado la vida. Siendo dádiva vuestra á vos os pertenece, y á vos tambien debe ser enteramente consagrado. Si, continuó animándose gradualmente, mi primer cuidado es el ofrecéroslo. Yo no puedo enviároslo á vuestro santo templo; mas vos estais aquí con nosotros como lo estariais allí, y donde Vos estais, Dios mio, allí se halla tu templo. Aquí ninguna mano afectuosa hay que lo presente y tenga sobre las fuentes bautismales, ni hay un sacerdote que recuerde al padre y al padrino sus deberes. A mí, pues, á mí, la madre de esta desvalida criatura, á mí es á quien toca hacer las veces de madrina, padre y sacerdote. Yo os hago el voto solemne, oh Dios mio, en el grato supuesto de dejarnos la vida á mi hijo y á mí, de educarle en la verdadera fé, de enseñarle á conoceros, de inspirarle un santo amor hácia vos y hácia los hombres sus semejantes, y preservar su alma del mal como una preciosa joya confiada á mi custodia, á fin de podéroslo restituir algun dia puro, sin mancha de pecado ni vicio, y daros cumplida cuenta de este sagrado depósito.»

Acto continuo oró Genoveva largo rato en silencio; despues, viendo el jarro de agua, bautizó al niño poniéndole el nombre de Desdichado.

« Es el que mas te cuadra, decia la pobre madre, pues en medio de los dolores y lágrimas viniste, hijo querido, á este mundo. Desdichado debe ser tu nombre de pila, y el llanto de tu madre el triste don que te se hace en el dia de tu bautizo.»

Bautizado que estuvo, lo rabujó con su delantal y se puso á mecerlo sobre su falda.

« Mi regazo, dijo, he aquí cual será tu cuna. »

Despues, dirigiendo una melancólica mirada sobre el negro y duro pan que tenia á su lado:

« Hè aquí, prosiguió, lo que será tu sustento en adelante. Muy duro y grosero es y apenas suficiente para mí: pero consuélate, que lo ablandarán las lágrimas de tu madre, y bendecido por el Señor bastará para entrambos. »

Mascando entonces un poco, se lo fué dando á poquitos al inocente, que se durmió tranquilamente en sus rodillas. Mas de una vez, Genoveva, reclinada sobre la amable criatura, decia durante su sueño suspirando:

«Dirigid, oh Dios mio, una mirada á este pobre niño que reposa en mi regazo. ¡Ah! bajo esta oscura y sombría bóveda en donde no penetra ni la luz del sol ni el calor, ni el aire se renueva nunca, cual una flor perderia bien pronto su brillo y sus colores, como ella se marchitaria y secaria en breve. No, Dios de bondad, no permitais que perezca miserablemente. ¡Le amo tanto, Dios mio! ¿Con qué gusto no daria mi vida por salvar la suya? Pero vos le amais todavia mas; vos me amais á mí, y á todos los hombres en general, mas que una madre puede amar á su hijo. Si,—y aquí su voz tomó un tono mas alto y conmovido—vos mismo lo habeis dicho: *Aunque una madre sea capaz de olvidar á su hijo, yo no me olvidaré jamás de los mios.*»

A estas palabras dichas en voz alta por Genoveva, despertó la criatura, y por primera vez la condesa vió una graciosa sonrisa entreabrir sus inocentes labios. Ella sonrió tambien á su vez. Era la primera sonrisa desde el dia aciago en que la habian sumido en la prision.

«Sonries, querido hijo? esclamó la infortunada madre estrechándolo contra su corazon. ¡Tú no reparas en los horrores de esta mansion lóbrega! Sonrie, sonrie: tu risa me dice mas que millares de palabras. Es como si me dijeses:—No llores, madre mia, recobra tu contento. Tú eres pobre, es verdad, mas Dios es rico. Tú estás desamparada, mas Dios es poderoso y nos ampara. Tú me amas entrañablemente, pero Dios nos ama infinitamente mas á entrambos.—Sí, sonrie ángel mio, sonrie, sonrie siempre. Mientras tú sonrias, no puede llorar tu madre.»

Pasados algunos dias Golo volvió á presentarse á la condesa. La ferocidad, el trastorno que habia en su interior, pintábase como nunca en sus facciones.

«Ya, dijo, he condescendido bastante. Basta de miramientos. Si os obstinais así en vuestra locura, si no renunciais á vuestra fanática virtud, tened piedad al menos de vuestro hijo; porque os lo declaro, si no os decidis á sujetaros á mi voluntad, morireis... lo juro... morireis entrambos.»

Tranquila como si no esperimentase el menor recelo:

«Mil veces antes, respondió la condesa, prefiero morir, que consentir en nada de que tuviera de avergonzarme ante Dios, ante mis padres, ante mi esposo y ante todos los hombres.»

A esta respuesta, Golo, blanco de cólera, le volvió la espalda arrojándola una mirada furiosa, y salió cerrando tras sí la puerta en un transporte de furor tal, que parecieron estremecerse los cimientos del calabozo, y el atronador ruido de los cerrojos resonó largo rato bajo sus bóvedas.

CAPLÍOTU VI.

Anuncio de muerte

Hácia la media noche seria cuando oyó que llamaba alguno á la puerta de la ventanilla de su prision y que una voz débil y llorosa le decia:

«¡Oh querida condesa! ¿todavia estais despierta á esa hora? ¡Gran Dios! no sé si el llanto me permitirá decíroslo... Ese malvado Golo..... ¡Oh!..... ¡castigue Dios á ese miserable y le precipite en lo mas profundo del abismo!»

—¿Pues quién sois vos? preguntó Genoveva levantándose y avanzando hácia la ventana, cerrada por una fuerte reja.

—Yo soy la hija del atalaya de la torre: Berta; ya recordareis... Berta, enferma despues de tanto tiempo, y que todavia lo está; mas á quien vos habeis hecho tanto bien y por tanto tiempo. ¡Ah! grande amor os tengo y bien quisiera poder mostraros mi reconocimiento; mas ¡ay! que no os puedo traer sino una espantosa nueva. Esta noche misma debeis morir. Esta es la voluntad del conde, pues engañado por Golo os mira como una verdadera culpable. En su consecuencia le ha escrito, y ya está dada la órden á los verdugos que han de cortaros la cabeza. Sí, nada mas cierto: yo he oido por mí misma á Golo que se ponia de acuerdo con ellos, y, ¡oh Dios mio! no es esto todo; vuestro hijo debe tambien morir, pues el conde no ha querido reconocerle por suyo. A mí, señora, la congoja no me permite respirar apenas, y en todo lo que va de noche he podido pegar los ojos. No bien todos se durmieron, he dejado el lecho en que me tiene postrada el mal, y he procurado, haciendo todos los esfuerzos posibles, llegar arrastrándome hasta vos; pues, yo no hubiera podido vivir si una vez siquiera no os hablaba, no me despedia de vos y no os daba las gracias de todo el bien que me habeis hecho. Si teneis algo que mandarme ó bien alguna cosa reservada que confiarme, hablad; abridme vuestro corazon; no vayan todos vuestros secretos á sepultarse con vos en la tierra: ¡quién sabe si algun dia podré yo patentizar vuestra inocencia!»

Genoveva se sintió sobrecogida á tan fatal nueva, y por algun tiempo su voz quedó sofocada por el espanto. Al fin mas esforzada:

«Querida mia, dijo á la amable jóven,

ten la bondad de traerme luz, tinta, papel y una pluma.»

La jóven se apresuró á complacerla, y Genoveva sirviéndose del frio pavimento, pues no tenia ni mesa ni escaño alguno el calabozo, escribió lo que sigue:

«Querido esposo.

«Echada sobre el frio pavimento de piedra de mi prision te escribo por última vez. Cuando tú leerás esta carta ya de mucho tiempo estará la mano que la escribió corrompida en el sepulcro. Dentro de algunas horas ya habré comparecido ante el tribunal del Juez supremo. Tú me has condenado á muerte como si hubiese hecho traicion á mis deberes; mas bien sabe Dios que muero inocente; te lo juro ante Él y estando á las puertas de la eternidad. Créeme; no intento salir mintiendo de este mundo.

«Oh mi querido esposo, por tí únicamente es por quien me desconsuelo. Yo sé bien que á no haber sido engañado por una impostura horrible, tú no condenarias á morir á tu Genoveva y á tu hijo. Cuando tú, andando el tiempo descubras el engaño, no te aflijas mas. Tú me has amado siempre; tú no eres en modo alguno causa de mi muerte: Dios es quien ha dispuesto que asi suceda. Toda vez que ya no hay medio, pide á Dios perdon de tu arrebato y no condenes mas á nadie sin oirle. Esta sentencia, la primera que has dictado impremeditadamente, sea la última. Compensa esta accion, la sola mancha de tu vida, y en la que solo tienes una pequeña parte, con mil actos de beneficencia y de generosidad. Esto es lo mejor que puedes hace: el afligirnos y desesperarnos de nada puede servir ya. Piensa tambien que hay un cielo y que allí volverás á ver á tu Genoveva; que allí reconocerás su fidelidad y su inocencia. que allí contemplarás por primera vez al hijo que no has podido ver sobre la tierra; que allí, en fin, no habrá malvados que nos vuelvan á separar.

«Ya no me quedan mas que algunos momentos de vida sobre la tierra, y yo quiero pasarlos en cumplir mis últimos deberes; así, comienzo dándote gracias por todo el amor que en mejores dias me mostraste, y yo llevo conmigo el recuerdo de este amor hasta la tumba.

«Hazte cargo de mis queridos padres: sé para con ellos un hijo afectuoso, y consuélales en su afliccion. ¡Ay! yo no tengo mas tiempo de escribirles, pues mi última hora se aproxima, pero díles, que su Genoveva no fué una delincuente, que murió inocente, que en la hora de la muerte pensaba en ellos y que les agradecia en el alma todos los beneficios de que la habian colmado.

«En cuanto á Golo, al infeliz loco alucinado, no le mates en los trasportes de tu cólera. Perdónale como yo le perdono. ¿Oyes bien? Yo te lo pido. No quiero llevar á la eternidad rencor alguno conmigo; no quiero que por mí se vierta una gota de sangre.

«Tampoco guardes rencor á mis verdugos; léjos de odiarles porque muero inocente á sus manos, socórreles á ellos y á los suyos. Ellos no hacen sino obedecer, y ciertamente ellos obedecerán á su pesar.

«El buen Draco asesinado asímismo sin culpa, era, está seguro, uno de tus mas fieles y honrados servidores. Vela, pues, por su desamparada viuda, y sé el padre de las infelices criaturas que ha dejado huérfanas. Esta es tu imprescindible obligacion; pues su lealtad hácia tí, ha sido la verdadera y única causa de su desdichado fin. Si, él ha muerto por tí.. No le olvides, y cuida de rehabilitar pública y solemnemente su memoria.

«Recompensa á la buena criatura que se ha encargado de hacer llegar á tus manos esta carta: Berta es su nombre, y es la única que me ha sido fiel en el momento en que todo me ha sido contrario, ó mas bien, cuando, por temor á Golo, nadie se ha atrevido á interesarse por mí.

«Sé para tus vasallos un señor indulgente. Alivia los crecidos impuestos que pesan sobre ellos. Procúrales administradores íntegros, párrocos virtuosos y facultativos hábiles. Atiende á quien quiera que vaya á demandarte justicia ó el alivio de su miseria. Ten sobretodo el corazon compasivo y caritativo con los pobres. ¡Ay! ¡yo que contaba ser la madre de tus vasallos y hacerles tanto bien!.... Pero tú, tú cumplirás lo que yo hubiera podido hacer. Héte ya doblemente obligado ahora á servirles de padre.

«Ahora, esposo mio, adios; adios por la última vez. No te desconsueles por mi muerte. Yo muero contenta. Esta vida transitoria es corta y llena de tribulaciones, y por pecadora que sea, yo muero inocente como mi Redentor Jesucristo de las abominaciones que me ha imputado Golo. Yo confio pues que este divino Salvador tendrá piedad de mi alma. Adios una vez mas, y ruega por mi descanso eterno. Sepárase de tí con el corazon impregnado de perdon y ternura quedando siempre tuya hasta la muerte,

Tu fiel esposa,

GENOVEVA.»

Tal fué la carta que escribió la condesa, no sin derramar un torrente de lágrimas. Corriendo á la par la tinta y el llanto, apenas se podia leer el contenido de ella. Acto continuo púsola en manos de Berta diciéndola:

«Guarda esta carta como una joya y no la enseñes á nadie, querida mia, y cuando mi esposo vuelva de la guerra ponla en sus propias manos.»

Despues, quitando de su cuello el collar

de perlas que todavía la adornaba, se lo entregó diciendo:

«Toma estas perlas, mi escelente Berta, en cambio de esas lágrimas que prueban tu fidelidad y compasion hácia tu señora. Este collar es uno de los regalos y adornos de mi boda. Desde que lo recibí de manos de mi esposo que no se habia separado de mi cuello. Yo quiero que sea ahora tu dote. El vale mas de mil florines de oro. Mas porque ahora te veas rica con su posesion, no te pegues en modo alguno á las cosas terrenas. Acuérdate que el cuello que rodearon tan preciosas perlas ha sido cortado por el hacha de los verdugos. Aprende por la suerte que me cabe que no se puede una fiar aun del mejor hombre. ¡Ah! bien léjos estaba yo de imaginar que el que adornaba mi garganta con esta soberbia joya debia un dia dar la órden para que la segasen en lo mejor de mi edad. Pon de consiguiente en Dios toda tu confianza, y ve en paz, permaneciendo siempre buena y piadosa como ahora. Yo ya debo convertir mi corazon á Dios y disponerme para la eternidad. Adios.»

CAPÍTULO VII.

Genoveva es conducida á la muerte.

Apenas se habria alejado la doncella cuando crugió la puerta de hierro de la prision y'abriéndose rechinando sobre los goznes dió paso á dos hombres armados. El una tenia en la mano una antorcha encendida mientras el otro apoyábase en un mandoble ó espadon desenvainado. Genoveva viendo llegada su última hora prosternóse con su hijo y oró.

No sin un movimiento de asombro pudieron aquellos dos hombres descubrir á la claridad vacilante de la antorcha el pálido y estenuado semblante de la condesa y el del encantador infante que inundaba de sus lágrimas.

«Levántate Genoveva, dijo con una voz áspera é imperiosa aquel á quien Golo habia encargado del oficio de verdugo y que llevaba la formidable espada, toma á tu hijo y síguenos.»

Genoveva, por toda respuesta:

«Que la gracia de Dios sea en mi ayuda, dijo, yo estoy en sus manos.»

Y levantándose les siguió con paso vacilante.

El calabozo daba á un largo y subterráneo corredor abovedado el que parecia que no se le podia hallar el fin. El hombre de la antorcha les precedía delante, el otro seguia á Genoveva, y un enorme perro de herizadas lanas cerraba la marcha. Llegados finalmente á una gran puerta de hierro, el hombre que iba delante introdujo una llave en la cerradura y apagó la antorcha. Abierta la puerta que giró sobre sus goznes, se encontraron á campo raso, cerca de un enmarañado bosque.

Hacía una clara noche de otoño. Las estrellas centelleaban sobre el azul del firmamento, y la luna comenzaba á transponer entre los árboles que agitaba al frio viento de la estacion. Los dos hombres, sin pronunciar una palabra, se fueron internando en lo mas espeso del bosque llevando siempre en medio á Genoveva, hasta que al fin llegaron á una plazoleta que rodeaban cerrándola por todas partes altos y negros abetos, silenciosos olmos y tembladores álamos.

«Alto! dijo entonces Conrado, (pues este era el nombre del que llevaba la terrible espada.) Genoveva, de rodillas!»

La condesa obedeció.

«Trae ahora tu hijo, prosiguió, y tú Enrique, véndale los ojos.»

Y así diciendo, adelantóse á coger al niño del brazo y alzó la espada que brilló como un relámpago en la oscuridad. Pero Genoveva, estrechando con toda la vehemencia de una madre en la desesperacion á su hijo contra su pecho, prorumpió elevando sus miradas al cielo.

«¡Oh Dios mio, dejadme que muera y salvad únicamente á mi hijo!»

—No hagas resistencia alguna, respondió brutalmente el sicario, lo que ha de ser será, cede pues.»

Pero Genoveva nada oia, y llorando y lamentándose proseguia diciendo:

«Oh amigos mios, seriais capaces de asesinar á esta pobre é inocente criatura? En qué ha delinquido? A quién ha hecho mal ella? Matadme á mí; yo moriré gustosa: ved aqui mi cuello desnudo. Sí, os lo suplico; perdonad la vida al hijo de mis entrañas y llevadlo á mis padres. Si vosotros no os atreveis dejadme vivir, no por mí sino por amor á mi hijo. Yo no saldré mas en toda mi vida de este bosque, jamás volveré á reaparecer entre los hombres y Golo ignorará así que habeis respetado mi existencia. Ah, miradme, miradme á vuestros piés, á mi, á vuestra condesa, á vuestra señora que os implora llorando. Si yo os hice el menor mal, matadme; si he sido jamás capaz de un crimen, acabad conmigo. Pero vosotros sabeis bien que yo soy inocente. Ah! dia vendrá en que os remorderá cruelmente la conciencia de no haber atendido á mis lágrimas. Piedad, piedad para conmigo, y un dia la encontrareis en Dios para con vosotros. No os dejeis por temporales recompensas arrastrar á malas acciones que os causarán una condenacion eterna. Temed á Dios todavia mas que á los hombres. Osariais agradar mas á Golo que á vuestro Señor y Dios? No, no derrameis la sangre inocente; porque la sangre del inocente clama venganza al cielo, y para el matador no existe reposo sobre la tierra.»

Conrado siempre con la espada levantada:

«Yo, dijo, no hago mas que lo que se me ha mandado, si es ó no justo, Golo y el conde responderán.»

Genoveva, empero, prosiguió rogando y gimiendo.

«¡Ah! mirad al cielo. ¿No veis la luna? reparad cual se oculta detrás de los abetos como por no ver la accion que meditais. Reparad como traspone bermeja, como de color de sangre. Ah! siempre que la veais ponerse de esta suerte, ella levantará un grito en vuestras almas y os acusará de la sangre inocente derramada. Siempre que aparecerá en lo mas alto de los cielos, admirando á los hombres con su serenidad y blancura, vosotros creereis verla velada por un rojo de sangre.-¡Oh! ¡escuchad, escuchad! el viento se levanta. ¿No ois que terriblemente agitanse los árboles y se estremecen las hojas? La naturaleza entera se conmueve de horror en el instante en que va á ser sacrificada la inocencia. En adelante vosotros temblareis al minimo susurro de una hoja.—¡Y las estrellas! ¡mirad allí arriba á las estrellas! Con cuantos millares de ojos os está el cielo contemplando. Y qué, ¿podeis á la faz del cielo, de Dios ejecutar un crímen tan horrible? Pensad que allá arriba, sobre las estrellas hay un Dios ante el cual debeis comparecer un dia. ¡Oh! vos, Señor, padre celestial de las viudas y de los huérfanos, ablandad el corazon de estos hombres que tambien tienen esposas é hijos y detenedles el brazo para que perdonen á una pobre madre y á su desventurado hijo á fin de que no cärguen su conciencia con el peso de tan grave y sangriento asesinato.»

Enrique que hasta entonces habia guardado silencio, enjugó una lágrima que iba á desprenderse de sus ojos, y dijo:

«A la verdad, Conrado, esto me parte el corazon. Dejémosla vivir. Si tu acero está ganoso de derramar sangre, húndelo mas bien en el corazon de Golo. Él solo es el culpable. La condesa no nos ha hecho siempre mas que bien. Acuérdate sino de todo cuanto hizo por tí en tú última enfermedad.»

—«Pues ella es preciso que muera!.. respondió Conrado. Todo cuanto tú, camarada, me puedes decir no viene ahora al caso. Tambien á mí se me hace muy duro el matarla; pero piensa que si la dejamos con vida, moriremos entrambos; y entonces, ¿de qué le habrá servido á ella que la perdonemos? Golo bien sabrá encontrarla. Además que nos es forzoso, pues nos lo exige así, el llevarle pruebas irrecusables de su muerte.»

—Si no es mas que eso, bien podemos dejarla que viva, replicó Enrique. Escucha lo que podemos hacer. Para que no podamos ser descubiertos, obliguémosla á jurarnos que permanecerá siempre en este bosque, y llevamos á Golo los ojos de tu perro en prueba de su muerte. Yo apuesto á que su dañada conciencia no le dejará fijarse y reconocer el engaño. Mas no es esto todo. Comprendo que debe serte sensible el matar á tu perro. Pero, ¿y qué remedio? Por ventura Conrado nuestra amable condesa y nuestro jóven conde, una madre desdichada y su inocente hijo no deben ser mas acreedores á nuestra compasion, Dios me perdone, que tu perro? Ea Conrado no seas tan inhumano.

—Yo soy tan humano como tú ó mas, respondió éste. Dios es testigo que jamás me se hizo tan penoso mi oficio. Pero Golo va á ponerse como una fiera furiosa si no ejecutamos sus órdenes...

—¡Vuelta con Golo! interrumpió Enrique. Dejar la vida al inocente es una accion buena; y cuando se hace una buena obra no hay que temer, sino antes bien aventurarlo todo. Aun cuando nos sucediera algo de desagradable por el pronto, ¿habiamos de arredrarnos? A la corta ó á la larga no nos puede acarrear sino buen fruto.»

Conrado acabó por convencerse.

«Sea pues, dijo, aventurémonos.

Y dirigiéndose á Genoveva le dictó, haciéndole repetir palabra por palabra, un terrible juramento de no apartarse en toda su vida de aquel bosque desierto. Enrique asimismo hubo de jurar sobre su espada de no decir lo mas minimo sobre lo que habia pasado aquella noche ni ir á visitar á la condesa en su retraimiento.

Acto continuo, y para mayor seguridad y secreto, internó á la condesa tres ó cuatro millas en la espesura del bosque guiándola por montes é inhabitados valles hasta lo mas intrincado y áspero de la sierra donde planta humana á sabiendas jamás habia penetrado. Agotadas sus fuerzas, sin poderse valer apenas, Genoveva se dejó caer exánime al pié de un chopo estrechando siempre á su hijo entre sus brazos.

Los dos hombres dejáronla allí y volvieron sobre sus pasos. Solamente Enrique lanzó sobre ella una mirada velada por las lágrimas diciendo:

«¡El Señor compadecido se digne velar por vuestra suerte y la de vuestro hijo! A no ser él mas misericordioso que los hombres perdida estais en tan espantoso desierto.»

Regresado que hubieron ambos al castillo, encontraron á Golo en una retirada estancia, sentado con la cabeza entre sus manos con un aire de desesperacion y abatimiento indescriptible.

«Aqui os traemos los ojos que pediais, dijo Conrado presentándose á la entrada de la estancia y presentándole con una mano los ojos ensangrentados de su perro.

—Salid, no quiero verlos, gritó Golo con una espresion terrible.»

Y levantándose de su sitial se adelantó hácia él tirando de la espada.

«Si alguno, dijo, volviese á mentar en mi presencia el nombre de esa desdichada, le sepulto esta espada en el cuerpo. Salid y no volvais á aparecer ante mi vista.

—Esto es muy singular, dijo consigo mismo luego que se vió solo. Antes me parecia que debia serme muy dulce el vengarme de Genoveva, y ahora, por el contrario, me es tan amarga la idea de su muerte que daria un dedo de la mano por deshacer lo hecho. ¡Ah! quien no escucha sino la voz de sus pasiones acaba siempre por engañarse él mismo.

CAPÍTULO VIII.

La cierva.

Largo rato permaneció Genoveva desmayada al pié del árbol, hasta que volviendo en sí vióse con su niño sola en el solitario bosque. El cielo estaba totalmente cubierto de sombrías nubes, y la luna que ya rato se habia puesto hacia fuesen mas profundas las tinieblas. Un espantoso huracan rugía en las espesuras del bosque. En el ramaje del árbol á cuyo pié se hallaba reclinada silbaba un mochuelo, y no léjos de allí percibíanse los ahullidos de un lobo. La infeliz temblaba con todos sus miembros.

«¡Oh Dios mio! qué terror se apodera de mí, mas vos, Dios de bondad, estais conmigo, vos para quien no hay noche ni oscuridad. Vos me veis, pues en donde el hombre no está os hallais vos; vos no abandonais jamás á los que confian en vos. Infinitas gracias os sean dadas por haberme salvado á mí y á mi hijo de las manos de los hombres. No, vos no nos dejareis perecer víctimas de las bestias feroces. Sí, yo tengo puesta en vos mi confianza.»

Dichas estas palabras volvió de nuevo á sentarse bajo el árbol con las manos cruzadas sobre sus rodillas en las que reposaba su hijo, y vueltos los ojos anegados en lágrimas al cielo permaneció hasta la reaparicion de la aurora.

Esta no le trajo con su claridad consuelo á sus dolores. La mañana era una de esas tristes y nebulosos tan comunes en otoño. Todo el sitio que la rodeaba era escabroso, estéril é imponente. A cualquier parte que se dirigiese la vista no se tropezaba mas que con peladas rocas, negros abetos y matorrales de enebros y abrojos. El aire era crudo, un viento frio cortaba la cara y á poco empezó á llover y al fin á nevar.

Genoveva temblaba, y la débil criatura sobrecogida igualmente de frio y de hambre, exhalaba desgarradores quejidos. La pobre madre se levantó buscando en rededor suyo el hueco de algun árbol ó la cavidad de un peñasco que pudiera servirles de asilo y algunos frutos silvestres que les alimentase. Empero nada, ni un rinconcito de tierra enjuto, ni una mora en los árboles despojados de follage. En su desesperacion comenzó á escarbar en la tierra helada con sus delicados dedos para sacar unas pocas raices que mascó y se las dió á su niño: la nieve fué preciso tiñiese en sangre para producirle tan miserable alimento.

Desfallecida y débil como estaba salió Genoveva con su niño en brazos, arrostrando la nieve y la lluvia sin saber porque parte del bosque dirigir sus pasos. Despues de trepar á una escarpada peña descubrió abajo entre la aspereza de la colina un risueño y delicioso vallecillo. Descendió á él y llegada allí descubrió bajo las colgantes ramas de los abetos una abertura: era la entrada de una cueva suficientemente espaciosa para dar en caso de necesidad asilo á dos ó tres personas. Inmediato á ella murmuraba una fuentecilla clara como el cristal, al precipitarse de lo alto de la roca. Junto al manantial elevábanse muchisimos manzanos pero su follaje pegado todavia en las ramas estaba ya amarillento y marchito y de él no pendia ni una sola fruta. Al pié de la roca serpenteaba festoneándola una enredadera de cierta especie de calabaza mas sus hojas estaban igualmente secas y sus frutos aunque gruesos y de un hermoso amarillo ya no podian comerse.

Genoveva se metió con su hijo en la caverna, donde aunque resguardada del viento y de la lluvia, temblaba todavia y estremeciase de frio. Ya era medio dia. La necesidad la atormentaba espantosamente, y su niño comenzó tambien de nuevo á gritar y llorar de hambre. La desconsolada madre de rodillas en la gruta y teniendo á su hijo delante en el suelo, elevó sus miradas al cielo por la abertura y juntando las manos se puso á orar en estos términos:

«Oh padre celestial, dirigid una mirada sobre una madre que llora y sobre su desmayado hijo. Vos que alimentais hasta á los cuervos que vuelan en torno de esta roca gigantesca aun en las mas rigurosas estaciones; vos que proveeis hasta el gusanillo que aqui se arrastra por las piedras haciéndole hallar en el invierno yerbecillas de verde musgo con que alimentarse; podeis en este mismo desierto hacernos encontrar á mí y á mi hijo el necesario sustento y convertir en pan hasta las duras piedras. No, celeste Padre, vos no podeis dejarnos morir de hambre. Asi como acabais de proporcionarnos una morada, tambien cuidareis de proporcionarnos el sustento.»

Apenas acababa Genoveva de elevar su corazon á Dios cuando de improviso rasgáronse las nubes difundiendo el sol en torno de la gruta el calor vivificante de sus rayos. Al propio tiempo un ligero rumor se dejó oir á través de la enramada de la que se desprendieron algunas hojas, y ¡oh prodigio! una cierva se presenta de repente á la entrada de la cueva. Como el ligero animal jamás en aquel inhabitado desierto habia sido perseguida de los cazadores no se espantó á la vista de Genoveva. Mansa y ligera ella penetró en el interior de la cueva, su acostumbrada manida, viniendo á detenerse frente á la condesa.

Esta asustada al pronto con la llegada del animal, poco á poco se fué recobrando hasta que se puso á acariciarla pasándole la mano. El animal no parecia ser insensible á estas caricias y entonces ocurrió el pensamiento á Genoveva de alimentarse ella y su hijo con la leche del gentil animal.

«¡Oh Dios mio! ¡á qué no obliga la necesidad á una infortunada madre!»

Así diciendo colocó al niño en una disposicion tal que pudiese mamar de la cierva. El pobre animal que recientemente se habia visto arrebatar su cervatillo por un lobo y sobrada de leche la atormentaba el rebosar de ella se dejó mamar sin resistencia. Cuando el niño, bien amamantado ya solo procuraba dormir, le envolvió Genoveva con una parte de sus vestidos y acostóle en un rincon de la cueva donde habia un pequeño espacio muy cómodo al efecto.

Provisto que hubo á las necesidades de su hijo pensó tambien la pobre madre en cuidar de sí. Saliendo de la cueva juntó las calabazas esparcidas por alli y con unos guijarros agudos y llanos que la sirvieron de cuchillo las cortó en partes iguales, sacóles la carne y la pepita y lavándolas en el manantial las dejó limpias y lustrosas. Volviendo á la gruta encontró al animal que se habia tendido junto al niño. Genoveva le presentó unas yerbas verdes y frescas que hallara en la fuente, y al punto se levantó la cierva y se las comió en la mano que le lamió al concluir como queriendo mostrarle su agradecimiento. Genoveva entonces trató de ordeñar al animal que no opuso resistencia y la proporcionó llenar de leche muchas calabazas. Transportada de alegria hincóse de rodillas elevando al cielo sus manos con una dorada escudilla llena de la mas pura y limpia leche y dirigió á Dios esta oracion entrecortada por el llanto:

«¡Oh Dios mío! recibid mis lágrimas en agradecimiento á tan benigna dádiva. Sí presente vuestro es esta leche. Vos, del centro de esa áspera é insensible peña habeis hecho manar un manantial de sustento. Vos sois quien todo lo ha dispuesto en nuestro socorro tan providencialmente; quien dispuso sin duda, que alguna avecilla ó algun piadoso hermitaño que tenia su habitacion en esta peña sembrase en este desierto la semilla de calabaza para que no careciese de vaso en que recoger este don de vuestros tesoros. Vos guiasteis mis pasos á esta cueva, vivienda de este generoso y alimentador animal. Héme aquí que ya no temo de que mi hijo y yo desfallezcamos á estímulos del hambre. Tranquila y consolada, llena de confianza en vos, venga en buen hora el estéril y rigoroso invierno.»

Terminada su oracion llevó la taza á sus labios, y sus lágrimas de reconocimiento mezcláronse al beber con la dulce y reparadora leche.

»¡Ah, que deliciosa bebida! dijo. Ningun manjar me habia sabido tan bien como este en mi vida. ¡Oh Dios mio! ¡cuan poco sabia yo en la espléndida mesa de mis padres apreciar vuestros dones! Perdonadme de no haber sido mas benéfica con los indigentes. Yo nunca habia esperimentado los terribles tormentos que hace sentir el hambre. ¡Oh! ¡que les seria á los ricos hacer á poca costa bienes tan grandes á millares de pobres!»

Despues de haberse reparado bien con algunos sorbos de leche y dado nuevamente gracias á Dios, salió otra vez de la caverna, arrancó de las rocas y seculares troncos inmediatos algunos puñados de musgo, y al fin juntándolo, llenó con él muchas veces su delantal y arregló para sí y para su hijo una blanda yacija.

A continuacion dobló las espesas y fuertes ramas de abeto que pendian sobre la entrada de la cueva bajándolas mas todavia á fin de que mejor la resguardasen del viento. Estas ramas que cubrian como una verde cortina el misterioso retiro enviaban un agradable perfume al interior que con su resguardo y el aliento de la cierva quedaba gratamente abrigado.

Concluido todo esto, cansada de tanto ir y volver y sobre todo de las emociones del dia, Genoveva fué á sentarse sobre un peñasco que habia en el interior de la gruta y que parecia haber sido colocado allí á guisa de escaño.

Allí sentada, sentia Genoveva su corazon aliviado y como libre de un peso extraordinario. Así, dirigió interiormente á Dios fervientes acciones de gracias por haberla librado de la lóbrega prision en que gemia y proporcionádole un asilo seguro en donde nada tenia que temer de Golo. Cierto es que no se le ocultaba lo mucho que tendria allí tambien que padecer; pero pensaba en los sufrimientos de nuestro divino Salvador que habia llevado voluntariamente la cruz de nuestras culpas y que habia muerto en ella sin quejarse.

En estas reflexiones tropezó su mirada con una rama seca de abeto que al azar habia caido del árbol, y que estaba caprichosamente cubierta de verde musgo salpicado de amarillo y blanco. Partióla, pues, en dos trozos desiguales que sujetó despues en forma de cruz con unas tiras de corteza flexible, y una vez hecha esclamó:

«Oh divino Redentor mio, muerto en una cruz por amor á mi y á todos los hombres, yo quiero tener siempre á la vista esta señal de vuestra inefable ternura que me recuerde á todas horas vuestros beneficios. Yo quiero empezar desde ahora con vos en estas asperezas una vida de anacoreta. La adversidad de mi fortuna será mi cruz. A ejemplo vuestro la tomaré resignada sobre mí y sin cesar diré como vos: Padre, no se haga mi voluntad sino la vuestra. Algun dia tambien tendrá esto fin y llegará el momento en que á mi vez pueda decir: Todo está consumado.»

Despues que hubo orado sobre ella, colocó la cruz en un hueco de las paredes de la gruta, donde á toda hora podia tenerla á la vista y se acostó en el lecho del musgo que preparara con sus manos; la primera vez, desde mucho tiempo, un dulce y apacible sueño vino á cerrar sus párpados. El niño dormia junto á su seno, y á sus piés descansaba la leal cierva que ya no les dejó jamás.

CAPÍTULO IX.

Genoveva en el desierto.

Aislada en aquella soledad, vivió Genoveva desde entonces como una verdadera hermitaña. Pasó el invierno, volvieron la primavera y el estio dejando lugar otra vez al otoño y al invierno sin que nada de particular sobreviniese. Cuando durante el verano, en el fuerte calor del medio dia sentábase ella entre las mudas rocas bajo el ramage de los árboles y no oia en aquellas soledades mas que el graznido de los cuervos ó el escarboteo del pico de alguna ave; cuando en las tempestuosas noches del otoño la fria luna se alzaba en mitad del cielo proyectando sus rayos sobre el valle solitario ceñido de montañas; cuando en el invierno descubria desde su cueva la sábana de nieve que envolvia el paisage, y sobre ella las huellas de las bestias feroces, entonces suspiraba desde el fondo de su corazon por ver otra vez siquiera las facciones de sus padres, las de su esposo, las de sus amigos, la de una humana criatura sea cual fuera.

«¡Ah! solia esclamar sollozando. ¡Cuan dichosos son los hombres á quienes es dado vivir en sociedad, hablar unos con otros y comunicarse sus penas y sus alegrias! ¡Qué locura la de aquellos que despreciando este dulce género de vida, se la hacen mutuamente tan amarga!»

Pero reportándose instantáneamente decia:

«Oh Dios de bondad, la dicha de poder conversar con vos es infinitamente mas dulce que el trato con los hombres. Si nosotros estamos alejados de ellos, vos siempre os hallais cerca de nosotros, siempre, en todas partes, en los mas pavorosos desiertos, y en las noches mas silenciosas y oscuras. ¡Ah! ¡qué ventura, Dios de bondad, la de poder conversar con vos en todos los instantes, con vos, que sois el amigo mas intimo de nuestros espiritus!..»

Así, poco á poco, Genoveva, enteramente resignada, se acostumbró á comunicar incesantemente en su corazon con Dios; y las horas huian para ella como instantes en estos soliloquios deliciosos en que su corazon se lanzaba con confianza hácia su criador.

Aunque el cuidado de su hijo y la recoleccion de raices y frutos silvestres la traian bastante atareada, habia tambien de sentarse muchas horas durante las cuales no sabia absolutamente que hacerse. Entonces volvia á decir :

« ¡Ay! Si yo tuviese al menos unas agujas de hacer media y hilo, ¡qué agradeblemente pasaria estas largas horas trabajando para cubrir mi desnudez y la de mi hijo. Los hombres suelen quejarse con frecuencia de la obligacion en que están de trabajar: ¡Ah! sin el trabajo es la vida triste y fastidiosa, y por duro que sea es dulce comparado con la ociosidad. »

Otras veces era un libro lo que echaba menos.

« ¡Un libro! un buen libro! decia. ¡Oh! ¡Cuantas horas pudiera yo pasar recreándome é instruyéndome. Pero las obras de vuestros manos, Dios omipotente que me rodean, son un libro, un libro escrito por vos mismo. »

Y á partir de entonces empezó á contemplar las obras de Dios con mayor atencion; y la menor florecilla, el mas ténue insecto, la mas insignificante mariposa le causaban con su organismo y sus matices un placer indecible, contemplando en ellas las huellas de la bondad y sabiduria infinita. Serviale asimismo de un particular encanto y consuelo el que Jesucristo hubiese tomado muchas de sus bellas parábolas de aquellos mismos objetos ú otros análogos que la rodeaban en el desierto.

Cuando el sol, por la primavera enviaba directamente, como con cariño, sus tibios y vivicantes rayos al interior de la cueva solia decir con embelesamiento:

«¡Oh Dios tutelar! vuestro sol es para mí una bella imágen de vuestra benevolencia y paternal amor: vuestro divino hijo Jesucristo ha dicho:—Mi Padre celestial hace brillar su sol para buenos y para malos.—¡Sea mi amor al prójimo semejante á vuestro sol! Sí, tambien yo gustosa haria bien á mis enemigos si pudiera.»

Sucedia á veces que la asaltaba el temor de no poder proveer á su subsistencia en el desierto, y la tristeza estaba á pique de insinuarse en su corazon. Un dia al amanecer en que sentia cundir en su corazon el desaliento, como viniese á impresionar su oido el canto de los pájaros, prorumpió de esta suerte:

«¡Qué alegres, pequeños y festivos seres, cantais exentos de cuidados! ¿No debo yo tambien estar alegre como vosotros? Jesucristo lo quiere así y nos lo ha dicho espresamente:—Mirad las avecillas del cielo. Ellas ni siembran, ni siegan, ni guardan en sus trojes, y sin embargo vuestro Padre celestial las sustenta. Pensais que El no os ama mas que á ellas?—Sí; Dios mio, vos me amais con mayor ternura que á todas esas aves; yo debiera estar por ello mucho mas contenta que todas ellas, cantar de alegría, y no inquietarme porque no se haya sembrado un grano, ni segado un tallo, ni recogido una gavilla para mí.»

Si consideraba las flores del desierto que esmaltaban su reducido valle con sus matices variados decia tambien:

«Vosotras, amables flores, sois para mí otras tantas encantadoras prendas, otras tantas graciosas *no me olvides* que me decis que Dios nunca me olvida. A estas flores consideraba y aludia Jesucristo cuando decia:—Contemplad las flores de los campos. Ellas no trabajan ni hilan y no obstante os digo: Ni Salomon con toda su magnificencia estuvo tan hermosa é incomparablemente vestido como cualquiera de estas flores. Si pues Dios viste tan esplendidamente la yerba de los prados, ¿no hará mucho mas con vosotros, hombres de poca fé?—En vista de esto, yo he de tener mas valor y confianza de ahora en adelante; y aunque no hilo ni coso no me cuidaré de como he vestirme.

Cuando, vuelto el estio, sentia aun dentro de su gruta el calor abrasador, é iba á estinguir su sed al manantial de que tomaba agua fresca y bebia, espresábase asi muchas veces:

«Lo que es, Señor, esta agua para mis labios ardorosos, es para mi alma vuestra inspiracion y doctrina. Y es que vos lo habeis dicho:—Venid á mí y bebed los que estais sedientos. El agua que yo os daré será para vosotros un manantial que no cesará de correr hasta la vida eterna.—Si, solo este interior manantial me da vida, me reanima y consuela, me embriaga y llena de felicidad en este momento en que estoy privada de toda consolacion estraña y en que me han sido arrebatados todos los goces de la vida social.....»

Muchas veces al contemplar las enormes rocas que circuian el valle y que inmóviles despues de tantos siglos resistian los huracanes y borrascas, venianle á la memoria aquellas palabras del Salvador:—Quien oye mi palabra y la cumple, es como el hombre prudente que edifica su casa sobre una peña.

«Así yo tambien, decia ella, quiero fundar sobre vuestra palabra el edificio de mi salvacion, y nadie podrá derribarlo.»

Hasta los abrojos y cardos servianle para sacar útiles lecciones:

«Si fuera posible, pobres y erizadas plantas, decia, se pudiesen coger de vosotras racimos y otras frutas esquisitas, me tendriais embelesada y me seriais una grata consolacion en mi soledad; pero es lo que decia Jesus:—De los abrojos no se pueden obtener racimos, ni de los cardos se pueden coger higos. Todo árbol bueno da buen fruto, y un árbol malo lo da malo.—Yo deseo ser un buen árbol y hacer cuanto bien pueda; de ningun modo semejarme á esos abrojos y cardos.que no dan sino dolorosas espinas y malos frutos.»

De esta suerte el sol, las aves, las flores, las frutas, los mismos abrojos y cardos eran para ella otros tantos signos que le traian á la memoria las palabras de nuestro Salvador y le daban materia suficiente para meditar.

Pero lo que era á sus ojos mas amable que el sol de la primavera, mas halagüeño que la estacion de las flores y los pájaros, mas instructivo que cuanto pudiera hallarse en el desierto, era la vista de su hijo.

En los dias serenos, sacábale á respirar el aire libre fuera de la gruta bajo la azulada bóveda del cielo. Allí mientras la cierva pacia á corta distancia la yerbezuela de los prados, ella con su hijo en brazos iba y venia de un lado á otro sin alejarse de la cueva, y aunque el inocente nada comprendia aun, ella le dirigia aquellas palabras cuya ternura solo saben imprimir las madres. Si en aquel punto la angelical criatura rodeaba el cuello con sus brazos sonriéndola, su sonrisa embelleciala el desierto y pareciala que cuanto la rodeaba resplandecia con el oro y los diamantes. Puesta de hinojos en la espansion de sus trasportes maternales, estrechaba á su hijo contra su corazon, y volviale sus besos y sus sonrisas con una ternura maternal indefinible.

«Oh Dios mio, esclamaba, ¿cómo daros bastantes gracias de haberme dejado al menos este hijo? ¡Qué gozo, que consuelo, que recreo mas variado y delicioso no me procura él en mi aislamiento! Dignaos, oh celeste Padre, dirigir desde vuestro solio una mirada sobre este bien amado hijo, y dejadle que crezca y que prospere. ¡Qué inocente serenidad se pinta en su semblante! ¡Qué dulzura en sus ojos! ¡Cómo su frente adornada por su rizada cabellera y sus rosadas mejillas respiran la pureza y la ausencia de toda pasion en su alma! ¡Qué descuidado reposa aquí sobre mi seno! Bien ha dicho nuestro soberano Redentor Jesus: —Si no hiciereis como los niños, no entrareis en el reino de los cielos.—¡Ah! ¡Ojalá todos los hombres espontáneamente por conviccion y sin esfuerzo, sin ningun orgullo, envidias, odios ni otras malas pasiones, fuesen como este niño en su inocencia é ignorancia del mal! Entonces sí que tendriamos en la tierra, en nuestro corazon mismo, un trasunto del reino de los cielos. Nosotros nos sentiriamos en el mundo tan dichosos como este ángel en brazos de su madre y por el camino de la felicidad y del contento llegariamos á esa suprema bienaventuranza y reposo de que se goza en brazos de nuestro Padre celestial.»

Muy amenudo nacia en ella el vivísimo deseo de visitar una iglesia.

«¡Qué felicidad mayor, se decia, que unir una su entendimiento al de millares de hombres, todos arrodillados ante la divinidad, todos escuchando atentamente la palabra de Dios, todos elevando á él su espíritu con recogimiento, entre los himnos de alabanza que hacen estremecer los corazones! ¡Quién pudiera oir una campana! ¡Oh! una simple campana creo que confortaria mi corazon.»

Pero reportándose como antes:

«Qué digo? ¿No es, Dios mio, toda la naturaleza, el cielo que está sobre nosotros, la tierra que nos rodea, vuestro templo? ¿No es el corazon que late y suspira por vos en el fondo del mas salvaje desierto vuestro altar? Yo me resigno, pues. Sea, oh Dios en adelante tu templo este vallecito entre las rocas, y mi corazon tu altar.»

En una palabra: no veia en todo el valle un árbol, un peñasco, al pié del cual no se arrodillase á orar; y cuando en el invierno no podia salir de la gruta, prosternada ante la crucecita rústica, sirviéndola de reclinatorio la piedra en que se sentaba, permanecia inmóvil por muchas horas elevando su espíritu á Dios y á su adorable Hijo, muerto en una cruz por nuestra redencion.

CAPÍTULO X.

Regocijos maternales de Genoveva en el desierto.

A la manera que entre malezas y abrojos elévase en el bosque una flor purpurina sobre su tallo, así Genoveva veia en medio de su soledad florecer la alegría mas pura que pudiera esperimentar su corazon. Esta alegría consistia en su querido hijo Desdichado.

Ella le habia visto con transporte crecer, dar inseguro los primeros pasos, balbucear las primeras palabras; y á decir verdad, él adelantaba siempre encantador y dotado de una disposicion extraordinaria.

La pobre madre no contaba en su soledad con que vestir á su hijo; mas un dia, como viese en el bosque un gamucillo que acababa de matar un zorro y que se disponia á devorarlo, procuró espantar al animal á fin de utilizar la linda pielecita parda moteada de blanco de la victima para hacerle un vestidito, y consiguiéndolo en efecto, bien pronto cubrió su desnudez: sus manos y piés solo quedaron descubiertos, y con vestido tan humilde, recordaba á San Juan, el precursor, en el desierto.

Aunque él no tenia por todo alimento mas que yerbas y raices, leche y agua, no por eso estaba menos sano, pues semejaba á la rosa en su frescura y sus colores.

Despues de un año ó mas que no habia oido una palabra de labios humanos, puede juzgarse el indecible encanto de que la pobre madre se sentiria poseida al percibir el primer sonido inteligible de boca de su hijo; encanto que acreció todavía mas cuando le oyó pronunciar clara y distintamente el dulce nombre de madre. Esto acaeció al principio del invierno, de modo que pasaba las horas con él en su sombría cueva, y si el tiempo era bueno recorriendo el valle, enseñándole los nombres de cuanto á su vista se ofrecia, desde el sol hasta los guijarros, desde los abetos hasta el musgo, poniéndole insensiblemente en estado de entablar inocentes y sencillos diálogos.

Luego que advirtió en el amable niño los primeros rayos de una naciente inteligencia, los primeros destellos de una ternura filial, abrióse á una indefinible alegría su corazon. Para ella cada dia era mas fecundo en nuevas y deliciosas emociones; era como si en medio de un árido invierno surgiese una tibia y hermosa primavera.

Al fin del invierno, he aquí que el niño cayó gravemente enfermo, y en una temporada no pudo salir de la gruta; pero poco despues, á la entrada de la primavera, púsose otra vez bueno recobrando los frescos y brillantes colores de las rosas. Genoveva, entonces, por una de esas bellas mañanas de primavera, sacóle por la primera vez despues de mucho tiempo fuera de la gruta, al aire libre, en plena campiña á lo largo del valle matizado de flores.

La magnificencia de la estacion desenvolviendo todas sus riquezas, apareciendo de súbito á los ojos del niño que estaba en estado de contemplarla á la luz de su percepcion, produjeron en él la impresion mas viva. Enteramente atónito, quedóse parado y como en éxtasis, considerándolo todo, abiertos estraordinariamente los ojos, en los que se pintaba el regocijo y el asombro.

«¡Mamá, mamá! esclamaba, ¿qué es lo que veo? ¡todo está ahora diferente de antes! ¡todo mas bonito! El valle que ha algun tiempo estaba blanco de nieve, vedle ahora de un verde tan brillante y hermoso, que parece negro, comparado con el de los abetos. Los árboles y matas que antes estaban tan pelados y tristes, sin mas que algunas hojas amarillas y secas están ahora llenas de hojitas verdecitas y tiernas. ¡Y el sol! ¡qué gusto da y como calienta ahora, y que azul tan bonito tiene el cielo! ¡Ay! ¡mamá, mamá, ved á mis piés que cositas tan preciosas, tan chiquititas y limpias! ¡Mirad que dorado, azul y blanco tan hermosos!

—Eso son flores, querido mio, la dijo Genoveva. Ten, mira como cojo algunas para tí. Estas blancas que ves aquí son velloritas y caléndulas. Míralas bien y verás que amarillo tan bonito tienen por dentro y que hojitas al rededor blancas con puntitas de púrpura. Estas otras enteramente amarillas, se llaman primaveras. Huélelas, verás que aroma tan agradable. Esta azul es una violeta, y el perfume que exhala es todavía mas agradable. Ten, todas son tuyas, y ahora coge todas las que quieras.»

El niño púsose á coger alegremente, y cogió tantas que con sus tiernas manos no podia abarcarlas.

Genoveva despues, lo condujo al extremo del valle á un bosquecillo de árboles frondosos.

«Escucha, le dijo, ¿no estás oyendo?......

El niño prestó atento oido y por primera vez escuchó el canto de un pueblo de avecillas que gorgeaban formando agradable concierto, libres de manos aviesas que vinieran á interrumpir sus regocijados trinos.

«¡Oh! esclamó, ¿qué es lo que suena ahí tan gracioso? En todos los árboles y montes, y por todas partes, oigo muchísimas vocecitas agradables. ¡Mamá, mamá, vamos á ver lo que es. Vamos, vamos aprisa!»

Genoveva se sentó sobre una piedra tapizada de musgo, tomó en su regazo al niño, y como solia hacer en el invierno y en los primeros dias de la primavera esparció unas cuantas semillas de frutos silvestres sobre el césped y llamó á los pájaros. Al momento, he aquí que acudieron una multitud de avecillas: el doméstico patirojo, el verde canario, el pardillo con la coronilla y la pechera de magnífica púrpura, el variegado gilguero; todos afanosos de picotear las semillas.

« Ves, decia ella, estos son los pajaritos que cantaban tan bien.»

El niño estaba fuera de sí de contento.

«¡Cómo! decia, ¿sois vosotros, graciosos y pequeñitos animales los que cantais de una manera tan linda? ¡Ah! ¡vosotros lo sabeis hacer mejor que los grajos que nos importunaban el invierno con sus tristes graznidos y mas bonito tambien que los cuervos!»

Y volviéndose á su madre:

«¿Y cómo es, decidme, que todo es ahora tan bonito? ¿De dónde han venido todas esas cosas tan lindas que nos rodean? Vos, no podeis ser quien, mientras yo estaba malo, haya compuesto tan magníficamente nuestro pequeño vallecillo. Cuasi siempre estabais conmigo en la cueva; además, que se necesita mucha habilidad para arreglar todo esto.

«Querido hijo, le respondió Genoveva, ¿no te he dicho que tenemos un padre muy bueno en el cielo? pues bien; este padre es Dios. El es quien ha criado el sol, la luna y las estrellas. El tambien quien ha hecho todo esto que ves, para regocijar nuestros ojos y nuestro corazon.»

—¡Oh que amable es Dios! dijo el niño. ¡Qué guapo y hábil en todo lo que ha hecho!»

Genoveva sonrió á la infantil sencillez de Desdichado.

«¡Pobrecito mio! se decia para sí; ¡cómo se reirian de tí otros niños mas crecidos que tú! ¡Cómo te tratarian de tontuelo! Pero seria porque olvidaron que ellos deberian hablar así, y que como la mayor parte de los hombres, poco á poco, como á todos nos pasa, llegaron el debido conocimiento de las maravillas del mundo.»

A la madrugada siguiente el niño despertó de buena mañana á su madre.

«Mamá, mamá, le gritó, levantaos aprisa, y venid conmigo. Vamos á ver todo lo bonito que nos ha hecho Dios.»

Una dulce sonrisa fué la respuesta de Genoveva, que levantándose le condujo á lo largo de un arroyo que atravesaba el valle.

«Ven, le decia ella, mira allí mismo á la sombra de esa elevada roca que cierra por la parte mas fria el vallecillo. ¿Ves esos arbustos espinosos que pinchan tanto? Son endrinas. Ahora están con unas bolitas muy pequeñitas verdes y blancas, y se llaman yemas de las flores. Mira ahora hácia la otra parte. ¿Ves aquellos arbustos con espinas muy pequeñas? Se llaman escaramujos. Estos tienen tambien unas yemas mas larguitas. Aquellos dos árboles grandes que hay allí en lo alto del vallecillo son el uno un maguillo y el otro un peral silvestre. Aunque los conoces desde hace mucho tiempo, fíjate bien en ellos. Tú no verás ahora otra cosa que ramitas todas cuajadas de yemas; pero mírales bien de hoy en adelante á ver lo que pasa en ellos y ya me lo dirás despues.»

Aquella noche cayó una de esas suaves y templadas lluvias de primavera que hacen brotar las hojas y las flores como por encanto. Por la mañana todavia continuaba, pero habiéndose serenado el cielo, bajó Desdichado al valle y prorumpió así en medio de su asombro:

«¡Ay mamá mia! las bolitas verdes de las endrinas se han vuelto ahora unas florecitas blancas como la nieve. Los demás espinos están llenos de hojitas verdecitas y las yemas están mas gruesas. Los árboles que hay al borde del arroyo se hallan asimismo llenos de flores blancas y encarnadas. ¡Oh qué gozo! ¡Qué bueno es Dios! Ven, ven y verás.»

Genoveva fué allá.

«¿Veis? prosiguió el niño. Pues mirad ahora los escaramujos. Ellos producirán sin duda hermosas flores encarnadas: pero todavia no están abiertas. Con todo ya se vé si nos detenemos á considerarlas la yemezuela que empieza á asomar. ¿Es que Dios no ha podido hacerlo todo esta noche?

«Oh hijo mio, respondió Genoveva, fácil le hubiera sido á Dios acabarlas, pues á El no le cuesta trabajo el hacer eso; el Señor puede hacer esto en un abrir y cerrar de ojos, pues es omnipotente.

—Pero decidme, proseguia, ¿cómo puede Dios en la oscuridad de la noche hacer todo esto?»

Genoveva, entonces, le dijo que veia tan perfectamente por el dia como por la noche, lo que hizo que se quedase absorto de admiracion.

Otra madrugada tambien, dijo Genoveva á Desdichado.

«Hoy voy á darte una gran alegría; sígueme.»

Y pasando su brazo por una cestilla de mimbre que habia tejido ella misma, le condujo á un verde césped que iluminaba el sol al penetrar risueño por entre los abetos y las peñas, y en el cual algunos dias antes habia visto algunas fresas próximas á madurarse, y que aquel dia estaban perfectamente maduras y mas encarnadas que la grana. Cogió Genoveva algunas y dirigiéndose á su hijo:

«Abre la boca, le dijo, y gusta esta.»

Desdichado hizo lo que su madre le decia y apretando regocijado las manos contra su pecho:

«¡Ay que buenas son! prorumpió. ¿Me dejareis que yo arranque mas?

—Coge, coge y come cuantas quieras, le

respondió Genoveva; pero solo aquellas que están bien encarnadas. Luego, llena tambien la cestita y la llevaremos á casa.»

Al momento el niño alargó sus manecitas y empezó á arrancar y á comer mientras le indicó su madre.

«¡Ah! ¡qué bueno es Dios que nos regala tantas cosas buenas!

—Ahora, le hizo observar la madre, debes darle gracias.

Al oir esto el niño elevó sus ojos impregnados de delicia y reconocimiento al cielo, besó sus manecitas como si se lo enviase y esclamó todo lo mas alto que pudo:

«¡Oh Dios de bondad, yo os doy gracias por vuestras fresas.»

Y dirigiéndose con vivacidad á su madre.

«¿Bien habrá Dios oido esto? le preguntó con ingenuidad.

—Sin duda alguna, le respondió ella sonriéndole y estrechándole contra su corazon. Es mas: aun cuando tu reconocimiento no hubiese salido de tu corazon y tu mente espresado por palabras, Dios tambien lo hubiera oido. Dios lo sabe todo; El lo ve y lo oye todo, sin esceptuar lo mas mínimo.»

A partir de este dia, Desdichado no deseaba mas que ver cosas nuevas, obra de la bondad y omnipotencia de Dios.

«Pues bien, hijo mio, le dijo Genoveva, examina por tus mismos ojos cuanto de nuevo y admirable te presente el valle y ven á contarme luego todo lo que has descubierto.»

En su consecuencia acudió Desdichado una mañana á la cueva saltando de alegría.

«Mamá, le dijo, he encontrado una cosa encantadora: un canastillo chiquitito con un pajarito. ¡Ah! ven, ven y verás. Si vieras que pequeñito y bonito es!..»

Y asiéndola de la mano, llevóla á un grupo de endrinas y le dijo señalándoselo.

«Ved, mamá, aquí teneis el canastillo. ¿Le veis bien?

—Eso es un nido de pájaros, querido mio, le dijo Genoveva. Esa especie de canastillo se llama nido, y el pajarito es un pardillo. Así como nosotros tenemos una cueva, así las aves tienen sus nidos. ¿Mira allá dentro el pájaro que atentamente nos está mirando? ¡Ah! ¡helo ahí que se escapa! Acércate cuidando no pincharte y considera el nido. Mira, por defuera está ingeniosamente formado de hebras de yerbas secas y desblanquecidas, y por dentro primorosamente formado de una suave crin recogida no se de donde. Pero no es esto todo; regístralo bien por dentro...»

Y así diciendo levantó á su hijo en brazos lo mas que pudo.

«¡Oh qué vista tan hermosa! decia él palmoteando. Pero... ¿qué son aquellas bolitas tan lindas que están allí dentro?

—Son los huevecitos, contestó Genoveva; ¡mira que color verde claro tienen tan bello, y que rayitas y piquitas blancas tan hermosas!

—Y que hace el pájaro con los huevecitos? preguntó Desdichado.

—Eso pronto lo sabrás, le contestó Genoveva. Para esto no tienes mas que venir á mirarlos puntualmente todos los dias, pero sin tocarlos ni enfadar nunca al animalito.»

Dos dias despues Desdichado se hacia acompañar de su madre que le llevaba de la mano al lugar donde se encontraba el nido. En lugar de los huevecitos, habia en él encantadores pajarillos.

«¡Oh! ¡repara, repara, decia Genoveva que tiernos y chiquititos están! ¿Ves que monos? Aun están con los ojos cerraditos y sin plumas; aun no pueden volar ni saltar fuera del nido.

—¡Pobrecitos! esclamó Desdichado. ¡Están desnuditos! ¿Y no se morirán de frio y de hambre?

—No, querido hijo, le respondió Genoveva. Dios ya cuida de ellos. El nido, como te hice notar al otro dia, está blando y recubierto por una fina pelusilla á fin de que estén en él cómodos y abrigados. El ya es redondo para que no puedan topar ni hacerse daño por ningun lado. Todo él es obra del pardillo que vistes que es el padre. ¿No es cierto que está primorosamente construido? Nosotros mismos no seríamos capaces de hacer otro semejante. Entretanto, ¿quién ha dado á esa avecilla ese arte maravilloso que nos asombra? Dios; ¿y sabes por qué? porque su santa providencia vela amorosa y constantemente sobre todas las criaturas.

No esto todo: ese frondoso y magnífico follage de los espinos hácenles ahora agradable y deliciosa sombra y les defiende al propio tiempo de la humedad de la lluvia. Por la noche, así como por la mañana y tarde, no mas que haga un poco de frio, acuden el padre ó la madre, y con las alas estendidas se posa cuidadosamente encima de ellos para cubrirles y darles calor, é impedir de que les entumezca la helada. Los punzantes espinos de que está cercado el nido no están puestos al azar: sin ellos,

los rapaces cuervos se comerian los pajaritos; pero las puntas de las espinas los desvian del nido, y pinchan á los que quieren hacer algun mal á los pequeños. El pardillo padre, aunque mas grande, no lo es tanto que no se pueda escurrir con ligereza al través de los espinos sin hacerse el menor daño. Ve, pues, como en todas las cosas, hasta en los jarales herizados, se echan de ver el cariño y la paternal solicitud de Dios.

Mientras de esta suerte hablaba Genoveva, he aquí que llegó volando la madre á la orilla del nido. Al punto todos los pajarillos levantaron piando y aleteando las cabecitas, abriendo unas boquitas tamañas, y la madre les fué dando de comer á uno tras otro.

«¡Oh! ¡qué precioso! ¡qué bonito es esto! esclamaba Desdichado absorto y saltando de alegría.

—Ya ves, le dijo entonces Genoveva, como no pudiendo todavía los animalitos salir en busca de comida, viene la madre á traérsela. Las semillas serian todavía demasiado duras para ellos, y los padres se las parten primero con el pico, las tragan para que se ablanden antes en su buche, y luego se las dan. ¿No está esto ordenado maravillosamente por el Altísimo? Pues tan amorosamente como cuida Dios de todas sus criaturas, hasta de los pajarillos mismos, cuida tambien de nosotros y aun todavía mas.... Sí, querido mio, continuó con los ojos arrasados de lágrimas, ese Dios de bondad y de clemencia que hasta ahora ha cuidado de ti en tu debilidad seguirá cuidando en adelante.

—Sí, sí, respondió Desdichado, el buen Dios ha cuidado de mí, y él me ha dado á vos, querida mamá, que me amais mas que la pajarita á sus hijuelos. Sin vos, yo ya hace tiempo hubiera muerto.»

Y así diciendo se precipitó en brazos de su madre rodeándola amorosamente con los brazos, inundados los ojos de lágrimas de emocion y reconocimiento.

Cada dia tenia Desdichado alguna maravilla nueva que referir, ó un hallazgo nuevo que mostrar á su madre. Todas las mañanas traiale las flores mas hermosas, y los cestitos que le habia entretegido con juncos, llenos de fresas, de arándanos, zarzamoras y frambuesas, segun la estacion. El le referia tambien como se iban cubriendo de flores las endrinas, como engrosaban las verdes y redondas bolitas de los agavanzos, y como iban tambien creciendo y echando plumas los pardillos; hasta que llegó el dia en que pudo participarla regocijado que las endrinas relucian todas con los mas negros frutos, los agavanzos estaban cuajados de purpurinos escaramujos, y se habian ya echado á volar los pardillos.

Igual que en esto, hacia en todo. La primera vez que vió el claro y resplandeciente lucero de la mañana; la primera vez que descubrió despues de llover el arco iris; cuando por entre los sombríos y negros abetos presenció el espectáculo de una soberbia puesta de sol, vino corriendo á contárselo á su madre y á llevarla para que lo viese y admirase con él; dando gracias á Dios entrambos por haber obrado tantas maravillas. A este tenor, Desdichado era un manantial perenne de alegrias para su madre, que arrasados de lágrimas los ojos á tan inocentes transportes no podia menos de prorumpir:

«¡Oh Dios mio! ¡cómo puede un corazon inocente hallar hasta un paraiso en el desierto, y una alma que os conozca y os ame, un cielo, en medio de las tribulaciones y sufrimientos!»

La solícita madre no se olvidó tampoco de precaver al niño de las plantas venenosas que rodeadas de una terrible hermosura abundaban en el desierto. Ella le mostró las negras y lustrosas cerezas de la belladona, las encarnadas y brillantes bayas de la camelia, el fruto verde oscuro del estramonio, las raices lechosas de la cicuta y las purpurinas setas como salpicadas de perlas.

«No las comas, por Dios, le decia, ni de

ninguna otra cosa sin que primero me la enseñes; sino te pondrás malo, muy malo, ¿entiendes?»

La prudente y amorosa madre procuró asimismo precaverle de la desobediencia, la obstinacion, el aturdimiento y otros defectos comunes á la infancia:

«Esas faltas, decia ella, son mas perniciosas todavia que los venenos de las plantas. El pecado suele parecerse á esas engañosas cerezas encarnadas ó negras que se ofrecen tan hermosas y atractivas á la vista, pero que en lugar de provecho nos causan los mas terribles sufrimientos y aun la muerte. ¡Ah! no es sino mucha verdad, que lo malo es á veces mas agradable á la vista que lo bueno, como la seta venenosa, que en la hermosura de los colores aventaja á la gris, inocente y buena de comer.»

CAPÍTULO XI.

Genoveva equipada por un lobo.

Así, entre estos goces puros é inocentes, pasaron Genoveva y Desdichado la primavera y el estío. Llegó el otoño, en cuya estacion el sol sobre no tener tanta fuerza salia mas tarde y se ponia mas pronto. El puro azul del cielo, veíase á veces durante semanas enteras oscurecido por nubes sombrías y negruzcas, y la tierra no producia apenas nada. Los cantos de las aves no resonaban en el valle: las mas de ellas habian emigrado á la proximidad del invierno. Por lo que respecta á las flores, las mas de ellas habian desaparecido, y las que habian quedado, estaban secas y marchitas. El follaje de los árboles pálido y amarillento, pendia sin consistencia del ramaje, y el que no se desprendia naturalmente, caia á impulsos del frio viento que mugia en el bosque. Algunas veces Genoveva, con el corazon lleno de angustia por la proximidad del invierno, sentábase silenciosa á la entrada de la cueva, contemplando desde allí con los ojos arrasados de lágrimas, la devastacion que se operaba en el valle.

Desdichado á su vez no tardó mucho en decirla:

«Oh mamá! ¿es que ya no nos ama Dios, que deja todas las flores marchitarse y los árboles y plantas desecarse? ¿No era él tan bueno? ¿no nos miraba con buenos ojos? ¿querrá ahora abandonarnos?»

«No, mi querido hijo, respondió Genoveva, mientras seamos piadosos y buenos Dios siempre nos querrá; pero ten en cuenta que todo cambia y pasa sobre la tierra:

solo el amor de Dios para con nosotros es el que tiene algo de inmutable y eterno. Ahora no hay mas sino que llega el invierno, pero tras el invierno vuelve cada año la primavera, en que todo comienza á reverdecer y florecer como antes.»

Esto no obstante, el niño consideraba con aire inquieto y melancólico el despojo que se operaba en la pradera.

«Aunque así sea. querida mamá, yo temo de que el mundo se acabe!

—¡Oh! tranquilízate, le contestó ella sonriendo, si todos los años es lo mismo. Concluida una estacion comienza otra. Por lo mismo, al ver acercarse el invierno regocíjate para la primavera.»

Genoveva pasó la mayor parte del otoño en recolectar para el invierno los maguillos y peras silvestres, endrinas y escaramujos, hayucos y avellanas y cuantos frutos y raices pudieran servirle de provecho y alimento. Desdichado ayudóle constante é infatigablemente en este trabajo.

Mas cuidado todavía que el alimento le daba el vestido para el invierno. El único vestido que ya de algunos años dia y noche llevaba encima, estaba enteramente inservible y destrozado. Sentada un dia á la entrada de la cueva, con los ojos arrasados de lágrimas, procuraba componer y pegar unos con otros por medio de hebras fuertes de vejetales y aguijones de espinos los girones de su vestido; ¡inútil tarea!

érale imposible darles consistencia y que se sostuviesen.

«¡Ah! suspiró consigo misma; ¡qué no daria yo ahora por una aguja y algunas hebras de hilo! ¡De cuántos beneficios disfrutan los que viven en sociedad sin ocurrírseles en la vida dar gracias á Dios por ellos!»

Desdichado, que observaba el oculto pesar y el afan infructuoso de su madre, comenzó á decirle:

«¿Os acordais, mamá, de lo que me dijisteis cuando os preguntaba porque se le caian los pelos á nuestra cierva? Vos me dijisteis, que Dios daba cada año al buen animal un vestido rojo y ligero para el verano, y otro parduzco y de mas abrigo para el invierno. Ahora bien, si es asi, ya no teneis porque afligiros. Dios os proporcionará, estoy seguro, un vestido de invierno que os abrigará bien; á no ser que creais que no os ama tanto como á nuestra cierva.

—Tienes razon, mi querido hijo, respondió Genoveva abrazándole sonriendo: Dios cuidará de nosotros. Él que viste á los animales y á las flores ya sabrá tambien como vestirme.»

Dos dias despues de esta conversacion, Genoveva encargó al niño que no se alejase de la cueva, y tomando un fuerte garrote y una calabaza con leche que se colgó al lado, se internó en el bosque á fin de dar un rodeo por él y buscar todavía por los árboles algunos frutos que aumentasen sus provisiones. Llegada á la falda de una montaña que se proponia trepar, sentóse para tomar algun reposo y refrigerarse con unos sorbos de leche.

En esto estaba, cuando de improviso, he aquí que por la cuesta abajo vió venir un espantoso lobo con una oveja en la boca. A la vista de Genoveva detúvose la fiera mirándola con ojos centellantes. La infeliz, sobrecogida de espanto, temblaba con todo su cuerpo.

No obstante, recobrando de súbito una sangre fria admirable, empuñó el garrote que llevaba consigo, y abalanzándose al lobo, le asestó con todas sus fuerzas un golpe en la cabeza para arrancar á su voracidad la pobre oveja que acababa de arrebatar. El feroz animal dejó escapar la presa que tenia entre sus dientes y aturdido dió una voltereta que le hizo caer algunos pasos mas allá rodando por la montaña abajo, echando luego á huir lanzando espantosos ahullidos. En seguida Genoveva se echó de rodillas junto á la oveja, le vertió en la boca un poco de leche de su calabaza, y trató de restituirla á la vida; pero en vano: el pobre animal estaba enteramente muerto.

Este triste espectáculo escitó en el sensible corazon de Genoveva un cúmulo de dolorosos sentimientos.

«¡Pobre animal! decia ella, tú tambien has sido arrancado de las apacibles campiñas en que se asentaba mi castillo. ¡Cuánto tiempo ha que no las he visto ni he tenido la menor nueva! Quizás seas tú de los muchos ganados de mi esposo, ó de los mios. ¡Sí, sí, gran Dios! prorumpió lanzando un grito de súbito. Tú perteneces á ellos; estoy segura: llevas nuestra marca. ¡Ah! si tú estuvieses viva y entendieses la humana lengua, ¡cómo te llenaria de preguntas:—¿Ha vuelto mi esposo de la guerra? te diria. ¿Se acuerda todavia de su Genoveva? ¿Sigue indignado contra mí, ó me reconoce inocente?—¡Ah! ¡él vive en el esplendor y la abundancia y yo perezco aqui de necesidad y de miseria!...»

Moderándose empero, vino su espiritu á sumirse en otras reflexiones.

«Yo debo estar cerca de mi querida patria, fué la idea que atravesó por su mente: de otra suerte, ¿cómo habria venido á parar aqui este animal? ¡Ah! ¿qué sucederia si yo retornase á ella con mi hijo?»

Despertado en su corazon el deseo de volver á su pais, las lágrimas vinieron á inundar copiosas su semblante. Con todo, despues de reflexionar por algun tiempo:

«No, dijo, bien considerado, yo debo mas bien permanecer aqui. Ligame á ello un solemne juramento que no me es permitido quebrantar. Yo pudiera alegar, lo sé, que me ha sido arrancado por el temor de la muerte; pero no importa: no seria justo el violarlo... ¿Quién sabe si este temerario intento costaria la vida á los hombres generosos que me la perdonaron? No, jamás, yo permaneceré aquí hasta que Dios disponga. Si él quiere sacarme un dia de este destierro, él sabrá encaminar á él los pasos de algun hombre compasivo. Mas vale soportar las mayores desgracias que llevar un remordimiento en la conciencia.»

Tomada esta generosa resolucion, púsose á buscar á lo largo del arroyo una pequeña laja de filo, y con este cuchillo improvisado desolló la larga y lanuda piel de la oveja. En seguida la lavó en la cristalina corriente quitándole el barro y la sangre, y poniéndola á secar al sol se envolvió con ella.

De esta conformidad volvió ya adelantada la tarde al vallecito donde tenia su gruta. Al verla Desdichado, le salió desde muy léjos al encuentro saltando y esclamando:

«¡Ay mamá! ¡Héteos ya de regreso! ¡Oh! con cuanto cuidado me teniais. ¿Dónde habeis estado tanto tiempo?»

Así diciendo, se quedó de pronto parado y sobrecogido. La zalea por una parte, y por otra la claridad escasa del crepúsculo impidiéronle reconocer á su madre. Ya se disponia á retroceder y guarecerse en la gruta, cuando oyó la voz amiga de Genoveva que le decia:

«No temas, hijo mio, soy yo.

—¡Dios sea loado! ¿con que sois vos efectivamente? ¡Qué contento estoy! Pero, ¿qué es esto que traeis puesto? Heteos vestida como yo. ¿Cómo, pues, os habeis proporcionado este vestido?

—Dios ha sido quien me ha enviado este presente, respondió Genoveva.

—Veis como ha salido lo que yo decia, de que Dios os daria un vestido nuevo y de abrigo para el invierno? esclamó Desdichado saltando de alegria.»

Y tocando el espeso vello:

«¡Que lana tan suave! decia, ¡que blanca que es! Diriase que estos hermosos vellones blancos son como las nubecillas que nos anuncian la lluvia de la primavera. ¡Oh! bien se conoce que este es un don del cielo...»

Asi conversando, entraron madre é hijo en la gruta. Desdichado enseguida trajo á su madre una media calabaza llena de leche y una cestita de frutas, quien reanimadas sus fuerzas, le refirió punto por punto la manera como habia venido en posesion de la zalea.

El rigoroso invierno encerró nuevamente á Genoveva y Desdichado en la cueva. Solo en ciertos dias templados, tan raros en semejante estacion, salian á dar un paseo por el alrededor del valle.

«Mira, hijo mio, decíale entonces Genoveva, mira como aun en el invierno se nos manifiesta la inagotable benevolencia de

Dios. ¡Qué claro, que limpio y puro está cuanto nos rodea! Todos los árboles y plantas, están ahora mucho mas brillantes y como si hubieran entrado en florecencia. La nieve, en aquellos puntos donde le da el sol, ve ahí que brilla como chispas resplandecientes, verdes, azules y encarnadas. Aunque todos los árboles tienen sus ramas despojadas de follage, Dios ha dejado á los abetos la eterna verdura de sus puntiagudas hojas para que bajo sus copas hallen abrigo los animales de la selva. Los enebros de enmarañado ramage producen tambien en invierno sus frescas y azules bayas, para que las avecillas no perezcan y hallen en ellas su alimento. Nuestro manantial no se hiela tampoco, para que muchos animalitos puedan beber en él y sustentarse con las yerbecitas que crecen y se mantienen en sus ondas. Así es como Dios, aun en la peor estacion, se muestra solicito y bondadoso con sus criaturas.»

Los dias mas frios, y cuando el huracan rugia por el bosque, Desdichado esparcia delante de la entrada de la cueva semillas y heno del que recogiera con su madre, y las avecillas, las liebres y los cervatillos, acudian á este cebo, familiarizándose con él hasta el punto de picar el grano ó comer el heno de sus manos, y juguetear y triscar juntamente con él por el desierto.

Entre estos regocijos se deslizó la vida de Genoveva y Desdichado en el invierno. Genoveva, no obstante, no carecia de penas. Desdichado, no bien se dejaba caer en la cama cuando ya dormia, pasando en un sueño toda la noche. Su madre, por el contrario, solia pasar horas enteras de aquellas interminables noches desvelada en la cueva.

«¡Ah! solia decir entre suspiros, si yo tuviera no mas una lamparilla para alumbrarme en este tenebroso asilo; ¡que beneficio de Dios no seria este para mí! Si tuviera además un libro, un huso y cáñamo, ¡qué agradablemente no me entretendria! La criada mas infima, la mas pobre zagala del condado, no carecen de ello y son mas felices que yo en este momento. Reunidas en una abrigada cocina, siéntanse á hilar á la claridad de la lámpara y pasan en alegres conversaciones la velada.»

Pero convertiendo enseguida su corazon á Dios:

«¡Oh Dios mio! decia, ¡qué dulce es conoceros! Sin vos yo no tendria á nadie con quien conversar en esta cueva durante las tristes noches del invierno. Sin vos ya tiempo hubiera muerto de enojo y desconsuelo. Pero, vos, Dios mio, en cualquiera condicion de la vida, nos reservais los mas abundantes consuelos.

CAPITULO XII.

Enfermedad de Genoveva.

Genoveva con su querido hijo Desdichado pasaron del mismo modo que los veranos é inviernos trascurridos, otros varios, hasta siete, en el desierto. En los años anteriores, el invierno no se habia señalado por el escesivo frio; pero el que hacia siete que habitaban en aquella soledad, fué terrible para ellos. Una horrorosa cantidad de nieve cubria la montaña y el valle; y las ramas mas vigorosas de las encinas y las hayas desgajábanse bajo su peso. El frio era de los mas intensos.

Por mas que Genoveva resguardaba la entrada de la cueva de los glaciales y furiosos vientos, estos con súbitas acometidas, introducian enormes remolinos de nieve que se convertian en compactas masas. El musgo que le servia de yacija estaba penetrado de la humedad. La entrada de la cueva y las ramas de los abetos que la protegian estaban siempre blancos de escarcha, y en el interior, las paredes se hallaban tapizadas de hielo. El calor natural de la cierva no bastaba á mitigar el terrible frio de la miserable estancia. A la parte de fuera, las zorras ahullaban con la helada, y de noche los lobos hacian resonar en la soledad sus pavorosos ahullidos.

Genoveva pasaba las noches sin poder pegar los ojos por el frio. Solo Desdichado que desde la niñez habia sido acostumbrado á los manjares bastos y á un duro género de vida, se encontraba bueno á pesar del frio que se esperimentaba; pero Genoveva, la tierna princesa que habia sido criada en aposentos cuyo piso estaba tapizado de alfombras, no se hallaba con fuerzas para resistir la temperatura que reinaba bajo la fria bóveda de aquellos peñascos.

«¡Oh! prorumpia ella llorando al ver que su salud se quebrantaba, ¡qué presente del cielo seria para mi una sola brasa de fuego! Con tantas ramas secas de abeto y con tanta leña como hay aquí, ¡cuán fácilmente podria encender fuego y calentarme! Mas ¡ah! está sin duda destinado que muera de frio en medio de los bosques... ¡Que se cumpla en todo, Señor, vuestra voluntad!..

Entretanto sus amables é interesantes facciones se iban demudando. Al suave sonrosado de sus mejillas iba sucediendo gradualmente una palidez mortal. Sus ojos hasta entonces llenos de una espresion indescriptible perdieron su brillo y animacion hundiéndose en sus cuencas, y enflaqueciendo de dia en dia, toda su persona ofrecia la imágen de la miseria y de la consumcion.

«¡Oh mi querida mamá, esclamó un dia su tierno hijo, apenas puedo reconoceros. ¡Dios mio, Dios mio! ¿qué significa ese cambio que observo en vuestro rostro?

—Hijo querido! le respondió con una voz debilitada Genoveva, yo estoy mala, yo voy á morir probablemente.

—¿Morir? dijo el niño, y qué viene á ser eso de morir? Yo en en mi vida he oido decir nada semejante.

—Morir, hijo mio, es dormirse para ya no volver á despertarnos. Sí, jamás mis ojos volveran á abrirse al sol, ni mi oido para escuchar tu voz. Este pobre cuerpo se quedará frio y yerto tendido en tierra y sin poder mover tan solo un dedo, se corromperá al fin y todo se convertirá en polvo...»

Desdichado que esto oia, echóse al cuello de su madre llorando amargamente y repitiendo sin cesar de esta suerte:

«¡Oh mamá, mamá, no murais, no murais, os lo suplico!...»

A lo cual le contestó Genoveva:

«No llores, mi querido hijo, no es de mí de quien depende el que viva; Dios es el que ha determinado que muera.

—¿Dios? ¡pues cómo! prorumpió el niño con asombro. ¿No me habiais dicho, mamá, que Dios era tan bueno? ¡Como pues ha de querer vuestra muerte! ¿Veis? yo no seria capaz de matar un pájaro; ¿pues cuanto menos habia de querer que murieseis?

—No discurres mal, hijo mio, le contestó la madre; y pues tú no me podrias dejar perecer ni matarme, mucho menos lo podria Dios que es infinitamente bueno. Sabe empero, que el Señor, que vive eternamente, nos quiere asimismo hacer participar de la vida eterna. Tú necesitas que te haga algunas aclaraciones sobre este punto. Escucha pues.—¿Te acuerdas, hijo mio, como yo me desnudé de mi vestido viejo y lo arrojé porque de nada me servia, y Dios me regaló otro mejor? Pues bien, así es el cuerpo, como un vestido que caduco y mortal me despojaré de él y lo abandonaré. El se consumirá como el viejo vestido de que te hablo, en tanto que la parte mas noble de nuestro ser, el alma, que es inmortal, volará al cielo, á gozar de la presencia de Dios, nuestro amoroso Padre, quien me vestirá luego con otro cuerpo mas hermoso y magnífico que el que ahora tengo. ¡Oh! ¡qué dichosa seré en esa nueva patria! Allí yo no daré diente con diente de frio como aquí; allí, no tendré enfermedad ninguna que soportar; allí, en fin, viviré eternamente sin derramar lágrimas, sin exhalar suspiros, y en lugar de tribulaciones, no tendré mas que perpétuos regocijos. Sí; así como la primavera es mas hermosa que el invierno, así el cielo es mas hermoso que la tierra.

¡Qué digo!.. el mas risueño, el mas apacible dia de primavera, no es, comparado con el esplendor del cielo, mas que una sombría y triste noche de invierno. Todos los que son piadosos y buenos, hijo mio, suben allí algun dia.

—¡Oh mamá! yo quiero pues ir juntamente con vos, esclamó Desdichado. Yo no me puedo quedar solo entre estos animales del desierto que no responden á mis palabras. Yo deseo despojarme de este vestido de carne y huesos.

—No, hijo mio, observó Genoveva, tú debes permanecer todavía en la tierra. Dia vendrá, pues has de morir tambien, dia vendrá, en que despues de vivir por largo tiempo religiosamente, vendrás á reunírteme en el cielo. Entre tanto escucha lo que voy á decirte. Cuando yo habré dejado de hablar, cuando ya se me habrá parado el aliento, cuando tendré extinguido el brillo de mis ojos, pálidos los labios, las manos tiesas y frias, tú permanecerás aquí todavía dos ó tres dias, á fin de cerciorarte de mi muerte. Trascurridos estos, y cerciorado ya por el insoportable y fétido olor que habrá en la cueva, vete del desierto, andando siempre hácia donde se pone el sol ahora. Al cabo de uno ó dos dias, segun caminares, te encontrarás fuera de este bosque, en una gran llanura muy hermosa donde habitan muchos miles de hombres.

—¡Miles de hombres! esclamó Desdichado

con asombro. ¡Ah! yo siempre creí que éramos nosotros dos solos en el mundo. ¿Cómo es que no me habeis dicho nada de esto? ¡Oh! si no os tuvierais que marchar iríamos luego allá.

—¡Pobre hijo mio! respondió con una espresion dolorosa la madre. Esos mismos hombres nos han arrojado de su lado y espuesto á las bestias feroces de estas selvas. Ellos, nos quisieron matar á entrambos.

—¡Oh! dijo el inocente, en este caso, no es preciso que me vuelva con ellos. Yo imaginé al pronto que ellos eran buenos como vos. ¿Y no han de morir tambien esos hombres?

—Indudablemente, dijo Genoveva: todos los hombres han de morir.

—¡Ah! entonces no sabrán eso como yo tampoco lo he sabido hasta ahora, respondió Desdichado. Y si es así, yo iré á encontrarles y les diré:—Todos vosotros habeis de morir: sed buenos, porque, sino no ireis al cielo.—Y ellos me creerán seguramente.

—¡Oh criatura! le respondió la madre, tiempo ha que ellos lo saben, y ni por eso se hacen mejores. Ellos viven en la abundancia; la tierra les produce los mas hermosos y abundantes frutos, como nunca los viste aquí en este desierto. En su mesa tienen los manjares y bebidas mas esquisitos, y en sus vestidos de telas de todos los colores de las flores, suelen poner los principales adornos tan preciosos que relumbran igual que las estrellas. Sus viviendas no son lóbregas grutas como esta, sino edificios que me fuera, en la ignorancia en que existes, imposible describirte. En el invierno, ellos tienen tambien en sus habitaciones como un segundo sol, el fuego, de que tú no tienes idea, y que difunde en su alrededor un calor tan delicioso como el del sol en la primavera y el estío, y les proporciona por la noche una claridad que compite con la del dia. ¿No es esto hermoso? pues mira, á pesar de ello, la mayor parte de los hombres ni una vez dan gracias á Dios por tantos beneficios, ni menos piensan en él, y mutuamente se odian, se mortifican y atormentan cuanto pueden. No hay dia que la muerte no haga desaparecer á alguno de entre ellos, pero absolutamente ningun cuidado da esto á los demás, quienes continuan en sus desórdenes viviendo como si hubieran de ser eternos en el mundo.

—Sí? dijo cándidamente Desdichado, ¡oh! ahora deseo todavía menos ir con ellos. Puesto que los hombres son tan malos como los mismos lobos y tan irracionales como esa cierva que nada comprende de cuanto le decimos, no envidio los preciosos vestidos y delicados manjares de que disponen, antes bien prefiero habitar entre los brutos. Estos, fuera de la raposa y el lobo, viven en paz unos con otros, y pacen tranquilos el césped y la yerba. Sí, sí;

aquí quiero permanecer con nuestra cierva y no ir á vivir entre los hombres.

—No obstante, querido mio, es preciso que vayas, hízole observar Genoveva. A ti, no te harán mal: escucha. Hasta ahora yo no te habia hablado mas que de tu padre del cielo, pero debo tambien decirte que tienes otro padre en la tierra... sí, un padre, así como tienes tambien una madre.

—¿Un padre sobre la tierra? respondió gozosamente el niño. ¿Un padre, á quien yo pueda ver como os veo, á vós: á quien pueda estrechar la mano como á vos, y que no será invisible como nuestro Padre celestial?

—Sí, hijo mio, sí, respondió Genoveva á estas preguntas, y tú le verás, y le hablarás como hablas á tu madre!

—¿Verle? ¿hablar con él?» esclamó el niño cuyos ojos centellaron de alegría.

Pero de súbito con un aire reflexivo:

—¿Y cómo es, continuó, que no viene á reunirse con nosotros y nos deja languidecer en el desierto? ¿Será él quizá uno de esos malvados que me digisteis?

—No, querido hijo, repuso Genoveva, él es la bondad misma. El ignora que estemos abandonados aquí y ni siquiera que vivamos. Él nos cree muertos, me tiene por la madre mas criminal de la tierra: las mentiras de algunos malvados, asi me han representado á sus ojos.

—¿Y qué es eso de mentira? interrumpió el niño, yo no entiendo esto.

—Mentir es decir una cosa distinta de la que se piensa, respondió la madre. Así, por ejemplo, dos hombres dicen que se aman mucho, no obstante de detestarse mútuamente. Ya sabes que es mentira.

—¿Y es posible qué esto suceda así? dijo el niño. ¡Jamás se me hubiera ocurrido! ¡Oh los hombres, los hombres!... prosiguió meneando la cabeza. Verdaderamente son unas criaturas bien raras.

—Pues bien, por esta clase de hombres ha sido engañado tu padre, respondió Genoveva.

Y acto continuo se puso á referir al niño cuanto estaba en estado de comprender de su historia, y móstrándole una sortija de oro que hasta entonces habia quedado oculta en una hendidura de la roca prosiguió:

«Ves este anillo? es un don que he recibido de tu padre.

—¡De mi padre! prorumpió Desdichado. ¡Ah! dejádmela considerar despacio. Yo he visto cosas muy bonitas de mi padre que está en el cielo: el sol, la luna, las flores, las estrellas; pero de mi padre de la tierra no he visto nada, ¡pobrecito de mí!»

Genoveva le entregó el anillo.

«¡Ay, que hermoso es! prosiguió Desdichado. Si mi padre tiene muchas cosas bonitas como esta, ¿me regalará tambien alguna?

—Sin duda alguna, querido mio, respondió la madre tomándole el anillo que colocó en uno de sus dedos. Cuando yo sea muerta, que será en breve, me sacarás este anillo que quiero guardar hasta mis últimos instantes, como he guardado á tu padre amor y fidelidad hasta el sepulcro. Sí, puedo jurarlo. Mi amor hácia él ha sido siempre puro como el oro de esta sortija, y mi fidelidad eterna como la redondez de la misma, que por no hallarle fin, es el símbolo é imágen de la eternidad.»

Volviéndose nuevamente á su hijo:

«Cuando te encuentres, le dijo, entre los hombres, pregunta por el conde Sigifredo, que es el nombre de tu padre. Ruega á cualquiera que te presente á él; pero guárdate de revelar á nadie quien eres, de donde vienes, ó con que objeto solicitas hablar al conde. Tampoco dejes, te lo encargo encarecidamente, ver esta sortija á persona alguna. Solo cuando estés en presencia de tu padre, se la das y le dices:

«Padre mio, este anillo os envia mi madre, vuestra esposa Genoveva, en prueba de que soy hijo vuestro. Ella ha muerto hace algunos dias. Me ha encargado os salude una vez mas, y os afirma por mi boca que fué inocente y os perdona. Ella espera volver á reunírseos en el cielo, pues no puede ser en adelante en este mundo; y solo os recomienda vivir santamente, no desconsolaros ni llorar por ella y velar por mí.»

«No te olvides, mi querido hijo, insistió la infeliz haciendo un esfuerzo, de asegurarle que era inocente y le he sido leal. Que yo te lo he declarado á las puertas de la eternidad, y he muerto repitiéndotelo. Díselo y asegúraselo bien. Dile además que á la hora de la muerte le amaba todavía como te amo á tí. Cuéntale de la manera que aquí he vivido y he muerto, y ruégale sacar mi cadáver de esta gruta y enterrarlo en el panteon de mis mayores, pues no he sido indigna de ellos, aunque infamantes labios hayan querido denigrarme y hacerme pasar por una mujer infame y deshonrada.

«No es esto todo, hijo mio, prosiguió: aun he de comunicarte una particularidad que ignoras. Asi como tú tienes en la tierra un padre y una madre, yo tambien los tengo. ¡Oh Dios mio! qué he dicho? *¡yo tengo!*... Yo ignoro si los *tengo* todavía, ó si habrán podido sobrevivir al dolor que les causé inocentemente los nobles autores de mis dias. Pero si todavía viven, ruega á tu padre te lleve inmediatamente á ellos. Cuando ellos reconocerán en tí á su nieto, ¡ah! ellos esperimentarán los mas vivos transportes de alegría: alegría que les hará olvidar los siete años pasados en gemir; porque, ¡ay! y aquí la moribunda no pudo contener un torrente de lágrimas—vos, mi buen padre, debeis haber gemido mucho por mi suerte; y vos, mi tierna madre, muchas lágrimas tambien habrás debido verter por tu Genoveva. Oh queridos padres, tiernísimos amigos de mi infancia! ¡qué no me sea dado ver antes de morir vuestro semblante!... ¡Ah! si supieseis que vivo todavía, que me hallo en estos sitios, ¡cómo partiriais al instante! ¡cómo volariais á mí para abrazarme! Pero, ¡triste de mí! vosotros creeis que mi cadáver ya tiempo se ha convertido en polvo en un rincon ignorado del desierto. ¡Oh! ¡qué ventura infunde la esperanza de volver á encontraros en la gloria! Sin este consuelo, la gravedad de los pesares de la tierra agobiarian el corazon del hombre, y débiles y pobres criaturas como somos, no tendríamos motivos mas que para desesperarnos.»

Reparando en esto que lloraba su hijo:

«¿Lloras, hijo mio? dijo atrayéndole á su pecho. Perdóname el haberte oprimido el corazon con mis palabras. Escucha; si Dios te arrebata tan niño hoy á tu madre, es para darte en su lugar á un padre. No llores, te lo ruego, hijo de mi corazon, no llores: será para tu padre una alegría indefinible hallarte en vida á tí, á su hijo, á quien no habrá visto hasta entonces. Sí, no lo dudes: él te abrirá sus brazos, te cubrirá de besos y caricias, te llamará su hijo, te abrumará de preguntas sobre mi suerte, y derramará lágrimas de regocijo y enternecimiento. El te amará como yo te amo, y te espresará su amor con beneficios que no te ha podido ¡ay! hacer tu madre.»

Aquí de nuevo las lágrimas ahogaron la voz de la desfallecida condesa. Su cabeza cayó sobre la miserable yacija de heno que la servia de lecho, y largo tiempo sus labios no pudieron articular una palabra.

CAPÍTULO XIII.

Genoveva se prepara á morir.

Por fin cedió el espantoso frio del invierno, comenzando á soplar un airecillo mas templado y benigno. El sol, al medio dia, claro y risueño, penetraba hasta el interior de la cueva, y sus rayos hacian sentir distintamente en ella su agradable calor. Las escarchas de la entrada y los hielos de las paredes interiores fueron derritiéndose, destilando gruesas gotas. Pero la enfermedad de Genoveva empeoraba cada dia, no obstante el mejoramiento de la estacion. No teniendo, pues, mas perspectiva que la muerte, la infeliz se dispuso para tan doloroso trance.

«¡Ay! decia ella, ¡ni aun en mi agonía he

de tener el consuelo de ver un sacerdote junto á mi lecho de muerte, que me inspire valor en tan angustiosa hora y me fortifique con el pan de vida de la Eucaristía en mi viaje á la eternidad! Pero vos, Señor, que sois el Sacerdote por excelencia, estais conmigo; vos estais con todos los que recurren á vos en el desamparo y la desgracia. Todo corazon que sufre y suspira por vos, puede estar seguro de que vos le visitareis y consolareis; pues vos mismo dijisteis: — Ved aquí que llego delante de la puerta y llamo: así que cualquiera que haya oido, mi voz vendrá á abrirme, entraré en su casa y haré mi cena con él y él conmigo.»

Dichas estas palabras Genoveva oró largo rato en silencio con las manos fervorosamente cruzadas y los ojos bajos.

Desdichado pasó todo el dia y la mayor parte de la noche á su cabecera sin la menor luz, y sin cuidarse en todo este tiempo de comer ni beber. No habia cuidado que no prodigase el amable niño á su moribunda madre. Tomaba entre sus manecitas puñados de musgo, y hasta donde alcanzaban sus bracitos, despues de levantarse sobre las puntitas de sus piés, enjugaba las húmedas paredes de la cueva para que no goteasen sobre ella. Recogia de los peñascos y árboles contiguos el musgo seco para disponerle una yacija mejor que la humedecida en que estaba. Ora, tambien, iba á llenar una media calabaza al manantial y se la ofrecia diciendo:

«Bebed, mi querida mamá; hace calor y teneis secos los labios.»

Ora le presentaba otra media calabaza llena de excelente leche y escitábala asi á beberla:

«Bebéosla, mamita mia: la acabo de ordeñar y está muy buena.»

Despues de esto echábase llorando al cuello de su madre y sollozando le decia:

«¡Oh mi querida mamá! no estar yo malo en lugar vuestro y morir por vos si preciso fuera!»

Una mañana, en fin, despues de algunas horas de un dulce y apacible sueño, despertó Genoveva mas despejada y de mejor semblante que de ordinario. Durmiendo se le habia caido la crucecita de madera que siempre tenia en la mano, y como la buscase, Desdichado previniendo su deseo la recogió y se la puso nuevamente en la mano.

«Pero querida mamá, le preguntó, para que teneis siempre esos palitos en la mano?

Hijo mio, le respondió ella, confiando vivir mas tiempo no te habia dicho lo que es esto. Hoy apenas sé si podré hacerlo, y conozco con dolor que no se debe retardar lo bueno. Ya te habia contado que nuestro Padre que está en los cielos tiene tambien un Hijo que es en un todo igual á él, pero aun no habia podido referirte todo cuanto este Hijo ha hecho por nosotros, pues nada absolutamente hubieras entendido, crecido como has en este desierto alejado de todo el mundo. Al presente que ya sabes que hay una porcion innumerable de hombres sobre la tierra; que sabes el natural y la conducta de la mayor parte de ellos; que me has oido, en fin, y aun tú en parte puedes conocer que es el morir, procuraré esplicarte lo principal de la historia del Hijo de Dios. Entonces comprenderás lo que significan estos palitos, que puestos como están estos, forman lo que se llama una cruz, que como ves siempre tengo entre mis manos. Escucha, pues, atento, lo que voy á decirte y conserva bien en tu corazon las palabras de tu madre.

«Sabe, hijo mio, que ese padre infinitamente bueno que habemos todos los hombres en el cielo, condolido de ver la perversidad de sus criaturas, que se hacian por esto mismo tan desdichadas que despues de morir no podia dejarlas entrar en el reino de los cielos; para remedio suyo, envió del cielo á la tierra á su bien amado hijo, con la mision de trabajar para que se corrigiesen y mejorasen. Este hijo se llama Jesucristo.

Niño todavía, mas que tú, no cediendo ni en poder ni en dignidad á su augusto padre, estuvo tambien con su querida madre en una cueva, que semejante á esta, era establo de bestias. Luego que creció y hubo llegado á mayor edad que la mia, vivió tambien en un desierto mucho mas espantoso que este, en donde oraba sin cesar para que no fuese en vano cuanto queria enseñar á los hombres y hacer por su salvacion eterna. De allí, en fin, se fué á los hombres.

« Ya entre ellos, él les contó que Dios, su padre celestial, era quien le habia enviado á ellos; que este padre era infinitamente bueno, que les queria mucho, que todos los hombres, como él, eran hijos de este bondadoso padre, y por lo tanto, que se hiciesen buenos, que le amasen y se amasen los unos á los otros con el mismo amor que Dios les amaba á todos.

«Todo el que oiga la voz del hijo de Dios, les decia, y se haga mejor, vendrá un dia tambien al cielo y disfrutará de mil y mil goces. Pero, al contrario, el que no le oiga, ni haga lo que le manda, nunca entrará en el cielo é irá para siempre á un lugar de oscuridad y tormentos.

«Los hombres, hijo mio, he aqui que no quisieron creer al hijo, ni que él fuese hijo del celeste padre, ni que el celeste padre se lo hubiese enviado, y entonces él les mostró á la vista para que creyesen, que era realmente tan poderoso como su padre.»

«Escucha como: Una madre como yo, sin mas diferencia que era de mas edad, estaba en cierta ocasion tan enferma y con una calentura tan mala como la mia. Ningun hombre en el mundo era capaz de curarla. Pero Jesucristo la tomó solamente de la mano como yo te tomo á tí de la tuya, y al momento se quedó buena y se puso tan encarnada y fuerte como antes.

«Otra vez, un niño poco mayor que tú, se acababa de morir. El era el único hijo de la pobre madre que tenia el sentimiento de perderle, asi como tú, Desdichado, eres tambien mi único hijo. Ya se disponian á enterrarlo y su madre lloraba tan amargamente como puedes figurarte, cuando de pronto llega el hijo de Dios, y con una voz cariñosa:—No llores,—le dice; y volviéndose al niño que se habia muerto, no mas le dijo:—Levántate,—cuando se levantó, y volvió á vivir otra vez, y el hijo de Dios lo llevó á su madre que se alegró como no sabria esplicarte.

« Los hombres empero, ni aun con estos signos que les dió de su divinidad quisieron creer que Jesucristo fuera hijo de Dios ni que el padre del cielo le hubiese enviado por salvarles. Ellos no podian sufrir que les dijese:—Sois unos malvados: corregíos.—Y ¿sabes que hicieron?...

«Ellos arreglaron con unos grandes y pesados maderos una cruz como esta que tengo en las manos, y despues con unos clavos que vienen á ser como los aguijones, pero mucho mas duros y recios, agugerearon las manos y los piés al hijo de

Dios y le clavaron en la cruz. La sangre le salia por las heridas y no tenia mas remedio que morir; y todavia sus enemigos se reian de sus sufrimientos y se burlaban de él, sin embargo que no les habia hecho el menor mal, sino estimado y favorecido siempre á cuantos recurrieron á él.

¡Oh hombres perversos y detestables, prorumpió generosamente Desdichado. Pero ¿cómo el Padre que está en el cielo consintió esto y no les abrasó con sus rayos? Yo, en su lugar, á todos les hubiera dejado muertos en el sitio.»

—«Mi querido hijo, respondió Genoveva, el hijo pedia por ellos al padre.—Padre mio, decia él, perdónalos, que no saben lo que se hacen.—Ahora bien: El murió llevado del amor que tenia á todos los hombres, aun á aquellos mismos infames que le habian crucificado. El murió para hacer que todos vivamos eternamente. Era preciso que asi fuese. A no habernos amado hasta el estremo de morir por nosotros, ningun hombre hubiera entrado en el cielo ni tú ni yo, ni nadie. Por esto es por lo que padeció y murió sobre la cruz.»

El amable Desdichado, sentado é inmóvil, escuchaba atentamente á su madre, mientras por sus encendidas mejillas corrian abundantes lágrimas; pues como por la primera vez en su vida oia hablar de tan conmovedora historia, era por demás viva la impresion que producia en su jóven inteligencia y la emocion que esperimentaba.

«¡Oh! ¡cuánta era la bondad de ese Hijo de Dios! prorumpió enjugándose las lágrimas con la piel de cervatillo que le cubria. Pero ahora ¿tambien está en el cielo?

Sí, querido hijo, respondió la madre, Bajado de la cruz cuando hubo dado el último suspiro, tendiósele en tierra, y despues se le depositó en una especie de cueva de piedra que venia á ser como esta que habitamos, y cerraron la entrada con un enorme peñasco. Empero al tercer dia,—pásmate,—resucitó y salió vivo de la cueva. Unos cuantos hombres que no habian sido tan malos como los demás y le oyeron y se mejoraron, amábanle de todo corazon y lloraron amargamente su muerte. Dirigióse pues á ellos, y puedes figurarte el contento que sintieron de volver á verle. Mas él les dijo que se volvia nuevamente al cielo con su Padre, de cuya declaracion se contristaron todos; pero él les dijo: «No lloreis, ni se os oprima el corazon. Allá arriba donde mora mi Padre hay sitio tambien para vosotros. Yo os voy á disponer ahora un lugar: entretanto haced solamente lo que os he dicho, y despues todos vendreis un dia tambien allí donde yo estoy, y os volveré á ver, y vuestros goces serán perfectos y nadie podrá arrebatároslos. Por lo demás, aunque invisible á vuestras miradas, yo estaré con vosotros sobre la tierra y permaneceré hasta la consumacion de los siglos. » Y al acabar estas palabras, les bendijo y á la vista de ellos se les desapareció, elevándose cada vez mas alto al cielo, hasta que últimamente una dorada nube le sustrajo á sus miradas.

—¡Oh! ¡qué hermoso debió ser esto! esclamó Desdichado. Y que, ¿piensa nuestro buen Jesus todavía en nosotros? ¿Sabe que vivimos aquí en lo profundo de este desierto? ¿le volveremos á ver algun dia en el cielo?

—Sí, en verdad, respondió la madre; nada hay que se escape á su mirada, y en cualquier parte en que estemos, él nos vé, se halla con nosotros, nos ama, inclina al bien nuestros corazones, y nos ayuda para que lleguemos á ser buenos y merecer un dia un lugarcito en el cielo. Ahora bien, mi querido hijo, tú eres ciertamente un buen niño, has sido siempre para mí un objeto de consolacion y contento; pero aun no basta, te falta que tengas la bondad y dulzura de Jesús. Tú, por ejemplo, no hubieras rogado seguramente como el hijo de Dios por los hombres si ellos te hubiesen muerto. Advierte, sino, que hace poco tu primer impulso fué el de dejarlos muertos en el acto, si hubiera estado en tu mano. Ya ves como no has sido tan bueno ni capaz de tanto amor como el hijo de Dios; y no obstante debemos ser buenos como ese modelo divino á quien debemos imitar y aproximarnos en la bondad y en el amor si queremos agradarle, lo mismo que á su Padre celestial, y entrar algun dia en el cielo. Para la adquisicion de estas virtudes, justamente, es por lo que el hijo de Dios nos ausilia y esfuerza, por lo que ha venido al mundo, y por lo que ha muerto en una cruz afrentosa.

«Ya, ahora, mi querido Desdichado, comprendes bien porque tengo siempre en la mano esta pequeña cruz. Ella nos recuerda constantemente los beneficios de aquel que llevó su amor á los hombres hasta el estremo de padecer y morir por ellos, y nos advierte que igualmente nosotros mediante los sufrimientos, mediante las cruces, como se acostumbran á llamárseles, mediante la muerte, en fin, nos podemos adquirir el cielo. Hé aquí lo que nos hace la posesion de esta humilde señal tan apreciable y querida.»

Al llegar aquí Genoveva, elevando al cielo sus ojos moribundos:

«¡Oh mi querido hijo! continuó; yo no tengo otro recuerdo que legarte sino esta crucecita. Yo la conservaré conmigo en mi última hora; pero al instante que muera, sácala de entre mis manos tiesas y frias y guárdala fielmente á tu vez. Si sucediese que llegases á ser un dia rico y poderoso, no te avergüences de poner esta pobre memoria que te recordará á tu madre, en la habitacion mas preferente de tu espléndido palacio. Siempre que la veas, piensa en aquel que murió en ella por amor de tí, y en tu madre, que muere teniendo en sus manos este símbolo de la fé. Aplícate constantemente á ser bueno y piadoso, á vivir puro é inocente, á amar á los hombres, á hacerles bien y á sacrificarte por ellos si es preciso, aunque no te lo hayan de agradecer. Si lo haces así, si á vista de esta cruz además de proponértelo, lo cumples realmente, entonces, este pobre legado de tu madre será para tí mas precioso que todos los mas ricos que puedes esperar de tu padre.»

Con este largo discurso quedó Genoveva tan desfallecida que tuvo necesidad de reposar y guardar silencio por largo rato.

«¡Ah! prosiguió nuevamente al cabo de algun tiempo. ¡Si tuvieras la dicha de llegar sin obstáculos á donde está tu padre! El camino que has de hacer, es por espantosos desiertos, por medio de espesas é impracticables selvas, entre áridas rocas y profundos precipicios; y esto, para ti, ¡débil y pobre niño! es demasiado largo y lleno de peligros. Sin embargo, Dios te protejerá y ayudará para que llegues sano y salvo á la casa de tu padre, del que te dió aqui en la tierra, así como nos ausilia á todos al atravesar los vastos y arriesgados desiertos del mundo, á fin de que lleguemos un dia á su misma casa y contemplemos cara á cara á ese verdadero y único padre de la humanidad entera, de nuestro Padre celestial.—No te olvides de llevar contigo un par de calabazas llenas de leche para que no te desmayes por el camino. Toma asimismo un palo para defenderte de las fieras. ¡Pobre criatura! ¡Ay!... Tú eres muy débil á la verdad, pero Dios, con cuya proteccion, yo, débil mujer, vencí á un lobo furioso, será tambien tu protector contra todas las bestias feroces que se interpusiesen en tu camino. Quien pone su confianza en Dios andará entre áspides y serpientes y hollará los leones y dragones.»

Luego que anocheció aumentó la debilidad de Genoveva. Su respiracion era penosa hasta el punto de cubrírsele la frente de un sudor ardiente.

Recogiendo no obstante sus fuerzas, sentóse en su lecho de musgo, dirigió sobre su hijo, que no la abandonaba un momento, una mirada grave y melancólica, y con un acento pausado y solemne que hizo estremecer á la criatura:

«Desdichado, le dijo, híncate de rodillas para que yo te bendiga así como mi madre me bendijo antes de separarme de ella. Yo creo que mi fin no está ya léjos.»

Desdichado se arrodilló gimiendo, inclinó su afligido rostro á la tierra, y llevó sus trémulas manecitas al cielo con un profundo recogimiento. Genoveva, entonces, impuso sus manos desfallecidas sobre su cabeza naturalmente adornada de rizos, y con una voz que indicaba la emocion mas profunda y la piedad mas viva:

«Dios te bendiga, hijo mio, y Jesucristo sea contigo, y el Espíritu Santo te guie y dirija de tal suerte que seas siempre bueno, no hagas mal á nadie, y pueda un dia volver á verte en el cielo.»

Dicho esto, signó en la frente, boca y pecho á su hijo, y estrechándole entre sus brazos, le dió los postrimeros besos diciendo:

«¡Oh hijo mio! una vez estés entre los hombres, aun cuando veas sus malos ejemplos, no les imites ni te hagas malo como ellos. Si el esplendor y el fausto te rodean, no te olvides de tu pobre madre. ¡Ah! Si fueses capaz de olvidar nunca mi ternura, mis maternales lágrimas, mis últimos consejos, ¡consejos de una madre en sus últimos instantes!... si infiel á tan solemnes recuerdos tu corazon se corrompiese, ¡oh!... quedarias separado eternamente de mí en la otra vida.»

Genoveva no pudo proseguir mas. Ella cayó abatida otra vez en su lecho y cerró sus ojos.

Desdichado, huérfano sin duda, no sabia si dormitaba ó estaba realmente muerta. De rodillas junto á ella, prorumpió en llantos y suspiros y no cesaba de repetir:

«¡Dios mio, no permitais que muera! ¡Oh buen Jesús, resucitadla!»

CAPITULO XIV.

Pesadumbre del conde Sigifredo.

Volvamos al conde Sigifredo.

Cuando en virtud de la acusacion de Golo, espidió el conde, en el primer arrebato de cólera, la fatal sentencia de muerte contra Genoveva, yacia postrado en el lecho en el interior de su tienda de campaña, de resultas de una herida que recibiera en el combate. Su escudero mayor, el anciano Wolf su mas fiel é íntimo compañero de armas, se hallaba en aquella ocasion ausente del campamento, ocupando á algunas leguas de allí, á la cabeza de un destacamento de caballería, el desfiladero de unas montañas.

Relevado que fué, apenas regresó al campamento, cuando entró en la tienda del conde, para enterarse del estado de su salud, el cual le refirió al punto, todo cuanto habia pasado en aquel intermedio. El antiguo y honrado sirviente se estremeció, y una palidez mortal se difundió por su semblante.

«¡Oh mi querido amo! prorumpió: ¿qué habeis hecho? Vuestra esposa es de seguro inocente; yo no vacilaria en responder de ella con mi cabeza, encanecida ya por la edad y la esperiencia. Creedme, una alma tan pura, una hija tan perfectamente educada, no se vuelve mala tan pronto. Vuestro confidente Golo es un miserable malvado. Sobrado sé que él á fuerza de lisonjas ha conseguido insinuarse en vuestro corazon. Perdonad la franqueza de un leal y antiguo sirviente:—el que siempre os alabe y os dé la razon en todo, ese es vuestro enemigo. — El lisongero siente en su interior un profundo desprecio hácia el que lisongea, y solo busca con este medio su conveniencia propia. Por el contrario, quien os diga la verdad, aunque os desagrade el oirla, ese es vuestro amigo. Dad asenso, señor, á mis palabras, y revocad, os lo suplico, inmediatamente vuestra precipitada sentencia. ¡Oh cielos! ¿cómo, mi buen amo, os habeis podido dejar arrastrar hasta tal punto? Vos habriais reputado la mas grave falta sentenciar al último de vuestros vasallos sin oirle; y entretanto, habeis condenado sin oirla á vuestra misma esposa, que era la bondad y la piedad personificada. ¡Oh! procurad en adelante enseñorearos de esos funestos é impetuosos arrebatos de cólera. ¡Cuántas veces habeis tenido que arrepentiros de ella! pero esta vez temo que tengamos que deplorar una irreparable desgracia.»

Sigifredo no pudo menos de convenir en que habia obrado precipitadamente. Con todo, él dudaba todavía de quien era el verdadero culpable, si Golo ó Genoveva; pues la carta de su favorito era un tejido de mentiras tan ingeniosamente urdidas, y el mensagero despachado por él para esta mision un embustero tan ejercitado, sabiéndolo revestir todo con un colorido de verosimilitud tal, que el celocisimo conde quedó enteramente deslumbrado. No obstante, en la misma hora envió un segundo mensajero á Golo con la órden de retener prisionera en su propio aposento á Genoveva hasta su regreso, pero sin causarla el menor atropello ni aun llegar á un cabello de su cabeza. Al efecto le entregó su mejor caballo, recomendándole encarecidamente fuera tan de prisa como pudiese, y le prometió una gran suma de oro si llegaba á tiempo oportuno al castillo, y le traia al regresar al campamento una contestacion propicia.

Durante el transcurso de tiempo que medió entre la partida y el regreso del mensajero, la agitacion del conde se acrecentó mas y mas. Tan pronto pareciale que Genoveva era inocente, tan pronto creia imposible que Golo, á quien colmara de tantos beneficios, hubiese podido engañarle hasta tal punto; de modo que su corazon estaba sin cesar atormentado por la incertidumbre y la duda. Diez veces al dia enviaba á su fiel Wolf á ver si regresaba el mensajero, y las noches las pasaba sin poder conciliar el sueño.

Pero llegó por fin este emisario tan impacientemente esperado, si bien con la deplorable nueva de que Genoveva con su hijo habian sido secretamente ejecutados en el bosque durante la noche, segun lo habia ordenado el conde. A esta noticia, el generoso Sigifredo quedó como si hubiesen pronunciado su propia sentencia, y se entregó á una silenciosa desconsolacion. A su vez, el anciano y leal Wolf, se apresuró á dejar la tienda á fin de ocultar al conde las lágrimas que se agolparon á sus ojos; pero una vez fuera de allí comenzó á dar rienda á sus gemidos, y los caballeros del conde, rodeándole en breve, al saberlo, todos comenzaron á maldecir á Golo, y unánimes juraron hacer tajadas al infame en cuanto volviesen á su patria.

Un año pasó el conde postrado en el lecho por causa de las heridas, pues el desasosiego y los remordimientos de su conciencia alejaban de él la calma que necesitaba para su restablecimiento. Trascurrido este, é inmediatamente estuvo restablecido y en estado de tenerse á caballo, solicitó una licencia, que le concedió el rey, no habiendo ya que temer de los sarracenos, que con los reveses sufridos, habian sido ahuyentados del territorio.

Inmediatamente se puso el conde en camino para su patria acompañado de su fiel escudero Wolf, y seguido de sus guerreros, llegando al fin una tarde á la primera aldea de su condado.

Aquellas buenas gentes, hombres, mujeres y niños, todos le salieron al encuentro dejando sus cabañas, y doliéndose amargamente, le decian:

«¡Ay nuestro buen señor! ¡qué terrible desgracia! ¡Ay nuestra buena condesa! ¡Oh abominable Golo!..»

Apeóse el conde del caballo, y saludando á todos afablemente, á unos les estrechaba la mano, á otros preguntaba lo que habia pasado en casa durante su ausencia, conviniendo todas las respuestas en elogio de la condesa y en amargas quejas contra Golo.

Afligido, y lleno de siniestros presentimientos, continuó Sigifredo su camino á fin de llegar aquella misma noche al castillo. Ya á vista de la fortaleza, ¡júzguese cual no seria su asombro al ver todas las ventanas espléndidamente iluminadas! Conforme se iba acercando y tocado que hubo la cima de la montaña sobre la que se asentaba el fuerte, los sones de una soberbia música vinieron á impresionar sus oidos.

Era Golo que daba un festin á sus allegados y amigos.

Este miserable, teniendo por seguro que el conde moriria de sus graves heridas creíase ya de antemano el señor de todo el condado; y en continuos recreos y ruidosas diversiones, buscaba acallar la voz de la conciencia. Pero en vano sentado á la cabecera de la mesa espléndidamente servida, cuyos honores hacia, afectaba la alegría; pues mas de un criado de los que servian y retiraban los manjares decia al oido de sus camaradas:

«Si nuestro buen amo muere, el sagaz Golo se apodera de todo en estos tiempos revueltos que corremos, y se hace nuestro amo. Yo sin embargo no quisiera encontrarme en su lugar.

—Tienes razon, contestaban ellos. El carece de verdadero contento y nada le complace. Héle alli sentado como un reo en su última comida con el verdugo. No quisiera yo encontrarme en su pellejo ni partir con él el pago que tiene merecido en el otro mundo.»

Al llegar el conde á las puertas del castillo, mandó á sus trompetas dar la señal de su arribada. El atalaya apostado sobre la plataforma de la torre, contestó con las consabidas señales, que hicieron á Golo y todos sus convidados saltar como movidos por un resorte de la mesa, mientras los gritos de:—¡El conde! el conde! resonaban por todos los ámbitos del castillo.

Golo que hubiera esperado á la muerte mas bien que al conde, se apresuró á bajar con un candelabro en la mano, y con toda humildad fué á tener el caballo y el estribo para que descabalgase su amo, quien todavía no se habia apeado.

Sigifredo dejó caer al bajar una mirada tan severa y fija sobre él, sin pronunciar una palabra, que Golo á pesar de su sangre fria, palideció y se puso á temblar como un reo en la presencia de su juez. Su dañada conciencia se traslucia en sus espantados ojos, pudiéndose leer en su semblante, como impreso en grandes caractéres, todos los detalles de la espantosa tragedia.

Con paso incierto y vacilante fué precediendo á su señor por la escalera arriba, y todo trémulo podia apenas tener la luz que parecia iba á escaparse de sus manos. El conde, en todo el castillo, no descubria otra cosa que superfluidad y disipacion, confusion y desórden; por todas partes se le presentaban caras espantadas y estrañas, y los pocos sirvientes antiguos, que aun quedaban, le saludaban con lágrimas en los ojos.

Asi que entró en el salon de ceremonia, dejó el conde la espada y casco sobre la mesa, pidió á Golo todas las llaves de la fortaleza, poniéndolas en manos del fiel Wolf á quien encargó de su guarda, encareciéndole que nadie saliese de sus muros, y despues de ordenar á sus sirvientes que cuidasen bien á sus cansadas tropas, hizo una señal á todos para que se retirasen.

Al primer sitio donde el conde dirigió sus pasos fué al aposento de su esposa. Golo inmediatamente despues de la prision de Genoveva habia cuidado de cerrarlo, porque la voz de la conciencia no le permitia entrar en él. Todo por lo tanto, estaba en el mismo estado que lo dejó cuando la arrancaron de allí. Veíase aun un bordado de una inscripcion á medio acabar, ceñida por una corona de hojas de laurel, entretegidas de perlas, que decia: «A SIGIFREDO, SU FIEL ESPOSA GENOVEVA.» Un poco mas allá, junto al laud de la condesa, habia tambien un libro de devocion primorosamente escrito por Genoveva; pues si bien en este tiempo sabian escribir pocos caballeros, no así las damas; que viendo la carencia de la imprenta, aplicábanse á la transcripcion de los Santos Evangelios y escritos de los Apóstoles, demostrando un raro talento caligráfico, encabezando los capítulos con soberbias letras de oro é iluminaciones artísticas. Entre los papeles de la condesa, encontró asimismo Sigifredo una multitud de borradores de cartas que le habia dirigido, y que respiraban los mas nobles sentimientos, y la ternura y fidelidad mas acendradas: cartas que Golo habia interceptado. En ellas deciale como diariamente oraba por él á Dios para que le sacase sano y salvo de los sangrientos combates; espresábale lo que la regocijaba la idea de salir á recibirle á su regreso con un niño ó niña en los brazos; cuanto se apesadumbraba y lloraba por él, y que noches, en fin, tan desveladas le hacia pasar su continuado silencio; pues igual que las cartas de Genoveva, habia Golo interceptado las del conde.

Era ya media noche, y Sigifredo, consternado con estos descubrimientos, con los brazos cruzados sobre su pecho, oprimido por un dolor mudo, yacia sentado en su sitial sin advertir siquiera que las bugías iban á estinguirse. En esto, Berta, la única doncella que habia permanecido fiel á la infortunada condesa, entró, y poniendo en sus manos la carta que Genoveva habia escrito en la prision, le mostró el collar de perlas que él reconoció al punto, y le refirió en medio de un torrente de lágrimas, el mucho bien que Genoveva le habia dispensado en su enfermedad y cuanto le habia dicho en aquella noche fatal, antes de ser llevada á ejecutar por los verdugos.

El dolor mudo y comprimido del conde estalló entonces. Aquel ingenuo relato y en particular la carta, fueron otros tantos testimonios irrecusables de la inocencia de Genoveva, que le hicieron prorumpir en lágrimas. Al través de ellas apenas podian distinguirse sus facciones, llegando á empapar la carta de la infortunada condesa; y los suspiros que se exhalaban de su pecho eran tan profundos, que parecia que con ellos se le iba á escapar el alma.

«¡Oh Dios mio, Dios mio! esclamó con desesperacion ¡Oh adorada Genoveva!.. ¡Y he podido yo ordenar tu muerte! ¡Yo matarte á ti, ¡oh ángel! y á tu hijo! ¡Ah!.. Yo soy el mas desventurado de los hombres.»

Wolf, que habia acudido á estos lamentos, en vano procuró con el amor y afecto de un leal servidor, consolar el dolor del afligido conde.

De pronto, Sigifredo, despues de haber dado rienda á sus lágrimas por largo tiempo, se levantó de su sitial, requirió la espada, y se disponia á matar á Golo, cuando Wolf le contuvo haciéndole presente que Golo á su vez no debia ser condenado sin oir lo que decia en su justificacion.

«¡Sea pues, dijo, pero que inmediatamente se le prenda, y cargado de ligaduras y grillos, se le encierre en el **calabozo** mismo en que Genoveva se consumió por tanto tiempo. Asimismo, hágase lo propio con todos sus secuaces y cómplices, hasta que se examine su conducta!»

Todo se hizo así, con gran contentamiento de los soldados del conde.

A la mañana siguiente, Golo, cargado de cadenas, fué obligado á comparecer ante su amo. Sigifredo, que mientras se lo traian releia la carta de Genoveva, las palabras:— Perdónale como yo le perdono y ni una gota de sangre se vierta por mi causa,» penetraron hondamente en su corazon. Así, cuando introdujeron á Golo á su presencia, le dirigió una mirada melancólica con los ojos arrasados de lágrimas, y con un tono de benigna reconvencion.

«Golo, le dijo, ¿qué te hice yo para que

atrayeses sobre mí una calamidad tan grande? ¿Qué te hizo mi esposa, mi hijo, recien nacido apenas, para convertirte en su verdugo? Tú entraste en este castillo, pobre muchacho desvalido, y no has recibido en él sino beneficios: ¿qué te ha obligado á recompensarlos de esta suerte?»

Golo habia creido que el conde estaria arrebatado y furioso, asi es que esta inesperada dulzura halló eco en su corazon empedernido. Así, comenzó á llorar y esclamar entre suspiros:

«¡Ah! yo he sido cegado por una pasion infame. Vuestra esposa es inocente como un ángel del cielo: yo fui el demonio que quiso seducirla. Pero ella no me escuchó. Irritado de tanta virtud, traté de vengarme de ella y asegurar mi propia vida, pues temí que si os declaraba la verdad me hubierais castigado con la muerte. Por eso me anticipé y la alcé ese falso testimonio, tan funesto para ella y para vos».

Esta esplicita confesion que patentizaba la inocencia de la condesa, sirvió de gran consuelo al conde, quien hizo seña para que lo volviesen á conducir al calabozo. Ya solo, ocultado el rostro entre sus manos, comenzó otra vez á deshacerse en lágrimas y á abominar la irascibilidad de su carácter.

La profunda melancolia en que vino á caer, aumentándose cada vez mas, llegó hasta el punto de hacer temer por su vida.

Su dolor habia ocasiones que rayaba en el frenesí. Todos los caballeros comarcanos, que eran sus amigos y habian vuelto á sus castillos inmediatamente despues que él, le visitaban y se esforzaban por consolarle. Nada empero conseguia triunfar de su desconsolacion. Inmóvil en el mismo parage, sin querer admitir ningun consuelo, no salia del aposento de Genoveva mas que para ir á la capilla del castillo.

Una de sus mayores solicitudes, fué mandar buscar la ignorada sepultura de Genoveva. El queria llorar sobre ella y disponer las correspondientes honras á su cadáver; pero no pudieron encontrarla. Los verdugos habian desaparecido despues de mucho tiempo del condado, y nadie podia asignar su paradero. Entonces, el infortunado conde mandó celebrar unas solemnes exéquias en la iglesia del señorio, á las que asistieron toda su servidumbre, todos los caballeros del contorno y las ilustres damas sus esposas, lo mismo que un gentío inmenso, de aquellos pueblos; no pudiendo contener la iglesia mas que una décima parte de los asistentes, que llevaban el sentimiento pintado en sus semblantes.

Terminado el oficio, Sigifredo mandó distribuir abundantes limosnas entre los pobres y erigir un monumento en una capilla de la iglesia, con una inscripcion en letras de oro que transmitiese á la posteridad la triste historia de la malograda Genoveva.

CAPÍTULO XV.

Hallazgo de Genoveva.

Pasaron años antes que al conde se le pudiera hacer salir tan solamente del castillo, y aun despues, el fiel Wolf, lo mismo que los caballeros de la comarca, sus amigos, habian de esforzarse con ruegos para alegrarle un poco. El uno daba un banquete que solia amenizar algun diestro tocador de arpa, que se acompañaba entonando con voz sonora y melodiosa consoladores cantares; otro proponia toda suerte de torneos y juegos de sortija; otro en fin le invitaba á una partida de caza. Esta última especie de recreo, de que habia gustado mucho el conde en su juventud, parecia la mas adecuada para distraerle de su perpétua melancolia.

Notado que lo hubieron, los caballeros renovaban las caccrías. Javalíes y ciervos, osos y lobos, de que en aquellos tiempos abundaban los bosques de Alemania, proporcionaban ancho campo á la intrepidez de los cazadores, asi es que Sigifredo no faltaba á ninguna.

A su vez el conde, á instigacion de Wolf, dispuso una grande cacería á la que invitó á todos los caballeros del contorno. Era ya á fines del invierno, y se señaló para esta soberbia partida la madrugada en que hubiese caido nieve recientemente; citándose bajo una enorme encina que habia en uno de los linderos del bosque.

Llegado el dia y apenas despuntaba la aurora, el conde seguido de una brillante servidumbre, partió, dejando el llano é internándose en el bosque, para el lugar de la cita. Allí todos iban montados, é independientemente de los cazadores, seguíanle una multitud de peones con caballos de reserva, acémilas y perros de caza.

Los señores convidados por Sigifredo, reuniéronsele puntualmente á la hora convenida, y al punto los cuernos de caza resonaron alegremente por el bosque y dió principio la caza; entregándose á ella con el mayor ardor los caballeros y pages.

Ya habian sido levantados una turba de corzos y jabalies, cuando el conde, habiendo errado á una cierva, que se lanzó á la carrera, internóse en su persecucion. Guiado por la fugitiva y sobre sus pasos, franqueó con la velocidad de una flecha, arbustos y malezas, salvando erizadas rocas y las revueltas mas intrincadas del bosque, hasta que la vió esconderse en la cueva de Genoveva; pues era precisamente la leal cierva, cuya leche habia sustentado por espacio de siete años á ella y á su hijo en el desierto.

Imposibilitado de guiar al caballo por aquellas asperezas, se apeó Sigifredo, y atando al generoso corcel á un árbol, siguiendo las huellas que la cierva dejara impresas en la nieve, llegó á la gruta. Al dirigir al interior una mirada ávida y escrutadora, ¡cuál no seria su asombro al descubrir en el fondo de tan sombrío recinto una criatura humana, pálida, descarnada como la muerte!

Era Genoveva...

La infeliz habia ciertamente triunfado de su enfermedad, pero estaba tan estenuada y débil, que segura de no recobrarse en aquel espantoso desierto, decia cada dia cuando se ponia el sol: «Ya no volveré á verle mas.»

Penetrando el Conde en la gruta:

«Si eres persona humana, gritó, sal y muéstrate á la claridad del dia.»

Genoveva, entonces, obedeciendo, salió rebujada en la zalea, cubiertas sus espaldas con sus largos cabellos rubios, desnudos los brazos y piernas, temblando de frio y pálida como la muerte.

«¿Quién eres, y cómo es que estás aquí? preguntó Sigifredo, mientras espantado retrocedia algunos pasos, sin reconocer á Genoveva.»

Por el contrario, ella, que le conoció no bien le hubo mirado:

GENOVEVA.

Quién eres tú, esclamó el conde, mientras qu[e asus]-
tado retrocedia algunos pasos.

«Sigifredo, le dijo, yo soy Genoveva, tu esposa á quien sentenciaste á muerte; pero, Dios lo sabe, soy inocente.»

El conde quedó como si le hubiese tocado un rayo. Él no sabia si soñaba ó estaba despierto. Como á veces á impulso de su dolor perdia el conocimiento, y en aquel instante veíase léjos de sus gentes en las soledades espantosas de aquel retirado valle, se figuró estar viendo el alma de Genoveva.

«¡Oh! esclamó con una voz ahogada por el espanto. Tú, alma de mi difunta esposa, ¿vienes por ventura al mundo á pedirme cuenta de la sangre que he derramado? ¿Fué aquí, en este suelo que nos sustenta, dónde se consumó el espantoso asesinato? ¿Fué en esta cueva donde dieron sepultura á tus inanimados restos? Sí, sí, no puede ser otra cosa; y ahora tu cadáver se levanta de la terrible huesa para impedirme que pise la tierra que he teñido con tu sangre, é indignado tu espíritu no puede soportar el que se acerque el asesino hasta el sepulcro de su víctima. ¡Ah! vuélvete, alma bienaventurada, vuélvete que asaz me atormenta mi conciencia. Vuélvete á la morada de paz en que te hallas, y ruega por mí, por este desdichado esposo que no la puede encontrar sobre la tierra. No, si quieres aparecérteme, toma un aspecto menos lastimero, muéstrateme como un ángel de luz á decir que me perdonas.»

—Sigifredo, querido esposo, respondió Genoveva enternecida y deshaciéndose en lágrimas, no soy un espíritu, soy Genoveva, tu esposa. Todavía vivo. Compadecidos mis verdugos me perdonaron la vida.»

El conde, empero, con el espanto y la conmocion permanecia atónito. Él tenia como una nube ante sus ojos y apenas podia articular una palabra. Mirándola fijamente con ojos desencajados sin acertar á darse cuenta de ella, convencíase mas y mas que era un fantasma.

Genoveva entonces le tomó cariñosamente la mano, pero él la retiró precipitadamente esclamando con una voz agitada:

«Déjame, déjame, sombra de mi víctima. Tu mano está fria como el hielo. Pero no: llévame, húndeme contigo en la tumba, porque es para mí la existencia una pesada carga.

—Sigifredo, amigo mio, esposo mio, insistió Genoveva mirándole tan amable y cariñosamente como un ángel del cielo, por piedad, vuelve en tí. ¿Con qué ya no reconoces á tu esposa? Mira bien, soy yo, yo misma. Reconóceme, toca mi mano, mira este anillo que recibí de tí y que todavia conservo en mi dedo. Vuelve en tí, ¡ay Dios! y él te libre de esta terrible ceguera.»

Sigifredo recobróse al fin del espanto, y como si despertase de un profundo sueño:

«¿Con que eres tú, prorumpió, con que eres tú?.....»

Y cayendo como anonadado á los piés de Genoveva, clavó por largo rato los ojos en el demudado rostro de su esposa, y en mucho tiempo no pudo proferir una sola palabra, hasta que estallando en un torrente de lágrimas:

«Sí, dijo, tú eres, tú, mi esposa, mi compañera, mi Genoveva; aquella agraciada y hermosa Genoveva!... Y en qué estado!... ¿Y por mí, por mí te hallas reducida á esta desnudez y miseria?... ¡Oh! yo no soy digno de que me sustente la tierra, yo no me atrevo á levantar hasta tí mis miradas. ¿Y seria posible que pudieses perdonarme?

—Adorado Sigifredo, contestó ella, yo no abrigué jamás el menor resentimiento contigo. Yo siempre te he amado y bien sabia que habias sido cruelmente engañado. Levántate y ven á mis brazos. ¡Ah! ¿no ves como estoy llorando de contento?»

El conde osaba apenas mirarla.

«¡Y qué! esclamó, ¿no me diriges ni una sola reconvencion? ¿ni un solo reproche? ¡Oh ángel del cielo! ¡oh alma celestial y tierna! ¡Y he sido yo, yo, quien en mi locura te pude ofender tan duramente!

—Tranquilízate, Sigifredo, le dijo Genoveva. Todo esto míralo como dispuesto y ordenado por Dios: él es quien así lo ha querido segun su voluntad adorable. Si el Señor me ha colocado en este desierto, es porque convendria así para mi salvacion. ¿Quién sabe si el fausto y la opulencia me hubieran pervertido; mientras en el desierto, en trato y comunicacion con Dios, habré encontrado el cielo?»

Mientras conversaban de esta suerte, he aquí que llegó Desdichado. Sin mas vestido que la piel de corzo que le envolvia, chapoteaba con sus desnudos piesecitos por la nieve, que en algunos puntos del valle ofrecia aun una espesa capa. Bajo el brazo llevaba un manojo de yerbas mojadas aun por la escarcha que habia ido á coger al borde del arroyo, mientras que en la mano traia una raiz de la que venia justamente comiendo.

Cuando el niño distinguió al conde vestido con el suntuoso traje de los caballeros, la cabeza armada del yelmo sobre el que ondeaba un gracioso plumaje, sobrecogióse y quedó clavado en el sitio sin acertar á decir una palabra; despues él miró á su madre y viendo correr las lágrimas por sus demacradas mejillas:

«Mamá, esclamó, ¿es este alguno de esos hombres malos que vienen aquí á matarte? No llores.....»

Y así diciendo, se puso de un salto al lado de su madre.

«Yo no consentiré que te toquen, prosiguió animosamente. Primero me dejaré matar que consentir te hagan el menor daño.»

Genoveva sonrió.

«¡Oh mi querido hijo! no temas; mira

con confianza á ese guerrero y bésale la mano. Él no te hará el menor daño. Es tu padre, tu buen padre. ¿Ves? él llora al contemplar nuestra miseria. Dios le ha enviado aquí para salvarnos y llevarnos consigo á casa.»

El niño se volvió á considerarle de nuevo. En sus negros y rizados cabellos, en lo noble de la frente, en lo vivo y rasgado de los ojos, en el arqueado elegante de su nariz y lo bien delineado de su boca era el vivo retrato de Sigifredo.

Este, á la vista de aquel hermoso y vigoroso niño, sintió penetrado su corazon de un vivo contento, al que se mezclaba una profunda compasion al considerar la miserable zalea que le cubria. La ternura paternal se reveló en él inmediatamente, y cediendo á los impulsos de su corazon:

«¡Oh hijo mio! ¡Oh mi querido hijo! esclamó, ven á mis brazos.»

Y abrazando á Desdichado le tomó en su brazo, mientras con el otro rodeaba á Genoveva que elevó al cielo sus ojos arrasados de lágrimas.

«¡Oh Dios mio! esto es demasiada felicidad para mi corazon, decia él. Encontrar así, á la vez, y contra toda esperanza, á un hijo idolatrado, á quien no habia visto aun, y á una adorada esposa en cierto modo resucitada.

—«Sí, sí, ¡gran Dios! decia á su vez Genoveva: vos sois rico é inagotable en vuestros beneficios y sabeis en un momento recompensar á las almas años enteros de sufrimientos. Bendito y alabado seais eternamente.»

El amable y afectuoso niño, testigo de la emocion que esperimentaban sus padres, elevó como ellos sus manecitas al cielo sin que se lo advirtiesen, y repitió tambien:

«Sí, Dios mio, bendito y alabado seais eternamente.»

Y todos los tres silenciosos, inmóviles, como en éxtasis permanecieron largo rato abrazados, comunicando con Dios con ese mudo lenguaje de las almas que ninguna lengua sabe espresar.

Genoveva fué la primera en romper el silencio.

«Y bien, mi querido esposo, ¿viven todavía mis padres? ¿lo pasan bien en su ancianidad? ¿saben que soy inocente? ¡Ay siete años se cumplirán bien pronto que me lloran como muerta y que yo no he sabido nada de ellos!

—Ellos viven aun, querida Genoveva; respondió el conde, están buenos y saben tu inocencia. Tan luego como me sea posible les enviaré un mensage participándoles la venturosa nueva de tu hallazgo.»

Genoveva, siempre con las manos cruzadas sobre su pecho, dirigió una mirada al cielo en que á través de las lágrimas se pintaban la felicidad y el reconocimiento.

«Alabado sea mil veces, Dios mio, vuestro santísimo nombre, dijo. Vos habeis oido propiciamente mis plegarias y llenado los mas íntimos votos de mi corazon. Vos habeis cumplido lo que yo apenas hubiera osado desear. Sacastéis sano y salvo á mi esposo de la guerra; hicisteis pública y notoria mi inocencia; pusisteis fin á mis sufrimientos, y me salvasteis de este desierto como igualmente de las prisiones y la muerte. Vos en fin, habeis preparado este bienhadado instante en que pueda presentar á su padre al hijo de mi corazon, y para colmo de felicidad vais á dejarme ver á mis padres á quienes amo tanto. ¡Ah! verdaderamente sois todo bondad y todo amor.»

Enseguida introdujo Genoveva á su esposo en la gruta, pues con los piés desnudos que traia no podia resistir la frialdad de la nieve. Solo encorvándose pudo penetrar el conde.

De esta manera violenta fué contemplando las toscas paredes tapizadas de musgo, el lecho de hojarascas, las calabazas que servian de taza y las cestas de mimbres, único menage de aquella vivienda, é irrecusable testimonio de la indigencia de Genoveva. El miró asimismo con un piadoso recogimiento la crucecita plantada en una grieta de la roca y junto á ella la piedra que la servia de reclinatorio, lustrosa y gastada por las rodillas de Genoveva. El en fin dirigió por la única abertura de la gruta una mirada sobre las estériles asperezas que rodeaban el valle y los negros abetos con el ramage cargado de nieve... y sus lágrimas comenzaron á correr de nuevo.

«¡Oh Genoveva! esclamó, ¡qué prodigio del Omnipotente el haberte conservado en este espantoso desierto! ¿Qué ángel del cielo, di, te ha enviado para que te alimente? ¡Siete años! añadió con un acento pausado y melancólico, siete largos años sin un bocado de pan, sin fuego en invierno, sin una cama, sin un vestido correspondiente y con los piés descalzos hundiéndose en la nieve que amontona en esta soledad el invierno!... Y esto una hija de príncipes acostumbrada á comer en vagillas de oro y plata, que se crió entre púrpuras, y ni esperimentó el menor vientecillo molesto! ¡Ah! esto hace estremecer. ¡Qué cúmulo de males no he hecho caer sobre ti! Y despues de tantos padecimientos y angustias como han consumido tu vida, ¡me amas aun, alma angelical y buena! ¡Ah! ¿qué mas se pudiera exigir de seres angelicales y santos?»

Genoveva procuró interrumpirle para calmar la agitacion de que se hallaba poseido. Así, esclareciendo su semblante una sonrisa y espresion adorables:

«No hables mas de eso querido Sigifredo, le dijo. Dios sabe bien que he disfrutado de innumerables goces en este desierto. ¿Piensas que no hay penas tambien en los palacios? ¿No habrás sido tú mas desgraciado que yo todavía? Cesemos de ocuparnos de lo pasado,—añadió procurando dar otro giro á las ideas del conde—contempla aquí á tu hijo. ¿Ves que vivo es el puro sonrosado de sus megillas? Con alimentos sin aderezo ni artificio alguno y el aire puro de Dios, se ha mantenido sano y hecho vigoroso. En nuestro castillo, por demasiado mimado, estaria tal vez pálido y desmejorado como los niños de la generalidad de los nobles. Por tanto, alegrémonos y demos gracias al Señor de que se nos haya criado así.»

Y dicho esto, sentándose sobre el pedazo de roca que habia en la gruta é invitando al conde á que se sentase á su lado, poniendo en medio á Desdichado, comenzó á referirle la portentosa manera como sustentara Dios asi á ella como á su hijo, desde el momento en que la cierva vino primeramente á la cueva, hasta el instante en que perseguida por el conde vino á refugiarse allí. Sigifredo atento á tan interesante relato esclamó al fin sobremanera conmovido.

«¡Oh Dios mio! ¡cuán adorable sois en vuestros caminos, y cuan fecundo en recursos con que favorecer á vuestras criaturas! Cuando yo arrojaba inhumanamente á mi mujer y á mi hijo, en el momento en que debian perecer sumidos en la desnudez y el hambre, vos, Dios de misericordia y amor, os habeis dignado sustraerles de tantos horrores por medio de este animal generoso. Sí, en el punto en que el desamparo era llegado á su colmo, en que la madre rendida á los rigores del hambre, y del frio, tenia un pié dentro del sepulcro, y en que tú, ¡pobre criatura! al ponerte en camino para venir en mi busca debias perecer víctima de las bestias feroces de estos bosques; vos, Señor, á cuyas miradas nada hay oculto, habeis hecho que ese mismo animal me sirviera de guia hasta esta morada de que no podia informarme la boca de hombre alguno. De hoy en adelante, pues, ¡oh! el mas tierno de los padres y los bienhechores, por crueles que sean las tribulaciones que nos envieis no cesaremos de poner en vos toda nuestra confianza.»

CAPITULO XVI.

Regreso de Genoveva al castillo.

El padre, la madre y el hijo salieron acto continuo de la gruta llevando todavia los ojos arrasados de lágrimas de enternecimiento. Enseguida el conde para que se le reuniesen sus gentes, asió del cuerno de plata que le pendia del cinto y le arrancó algunos sones que resonaron á lo léjos, repetido cien veces por los ecos del bosque. Desdichado que en su vida habia oido cosa semejante. quedó encantado del admirable sonido del instrumento de caza, y queriéndolo tocar á su vez, lo pidió á su padre, lo examinó y preguntó de que era que estaba tan brillante, y probó á soplar y producir unos sonidos que hicieron reir á su llorosa madre.

Bien pronto acudieron allí de todos los ángulos del bosque los caballeros y pages que formaban la comitiva del conde. Su sorpresa fué mucha al ver aquella mujer flaca y descolorida que el conde traia de la mano, y al fresco y hermoso niño que llevaba en brazos. Todos se apresuraron á salirle al encuentro y rodeándole permanecieron en silencio con el mayor respeto porque observaron llorosos los ojos del conde, de la señora y del niño.

«Nobles caballeros, leales servidores, díjoles al fin el conde con voz entrecortada, ved aqui en esta mujer y este niño, á Genoveva, á mi esposa á quien juzgaba muerta y á mi hijo Desdichado...

Á esta declaracion todos los labios prorumpieron en gritos de terror y de asombro, y unos á otros comenzaron á hacerse mil preguntas y exclamaciones.

«¡Dios santo! se decian. ¿Cómo ha de ser nuestra señora? —No la habian degollado? —Entretanto vedla ahí resucitada.—Pero esto no es posible.—Pues no hay mas, ella es.—¡Ay Dios y en que miseria!—Mirad que descolorida está.—¡Ah! reparad nuestro condesito.—¡Qué bella y afectuosa criatura!..»

Y la alegria, la lástima, la curiosidad y el asombro bullian en todos los corazones, y no cesaban de escuchar, esclamar, preguntar, compadecerse y regocijarse.

Sigifredo les refirió en pocas palabras lo substancial de su historia, y enseguida dictó las disposiciones que le parecieron oportunas. Dos de sus caballeros debian regresar al castillo á buscar vestidos para Genoveva, mandar traer una litera y ordenar los preparativos para su recibimiento. Algunos pages fueron con el encargo de traer inmediatamente hasta allí los bagajes que se hallaban surtidos de antemano para la cacería, mientras otros partieron á recoger leña, y á encender bajo de la cavidad de un peñasco una gran hoguera y disponer la comida. A su vez él abrió la maletilla que llevaba al arzon, y envolvió á la condesa con su capa de grana forrada de piel negra, le dió un pañuelo fino para la cabeza y estendiendo junto al hogar sobre una piedra un abrigado tapiz hizo que se sentase. Allí fué recibiendo Genoveva los homenages de todos los caballeros, que unos tras otros vinieron á saludarla llenos de veneracion y á espresarle profundamente conmovidos los distintos afectos de conmiseracion y regocijo que sentian. Llegado el turno á los sirvientes del conde, Wolf que estaba sobremanera impaciente de que le llegase su vez, se adelantó á la cabeza de todos, y besándole la mano y bañándola en llanto:

«Señora, dijo á Genoveva, doime el parabien desde luego de que los sarracenos no me hayan cortado esta encanecida cabeza, y haber sobrevivido á tantos combates. Ahora ya puedo morir contento.»

Despues, cogiendo transportado de alegría á Desdichado en brazos, le besó en ambas megillas diciéndole:

«¡Bien venido seais, mi querido amito! Vos, vivo retrato de vuestro noble padre, sed valiente y generoso como él, afable y benigno como vuestra madre, y piadoso y bueno como ambos.»

Desdichado, al pronto, estaba como aturdido y receloso con la muchedumbre de gente entre la que se encontraba de súbito; pero poco á poco entró en confianza y conversacion. Como por la primera vez veia tanta multitud de objetos que le eran totalmente desconocidos, tenia siempre que preguntar, y todos, especialmente el veterano Wolf, dilataban el ánimo viendo la vivacidad de sus preguntas y lo ingenioso de sus reparos.

Los ginetes que iban y venian por el valle fué lo que mas le asombró al principio; sucediéndole lo que á aquellos pueblos salvages que al verlos por la primera vez juzgaron que eran uno y uno mismo el caballo y el caballero.

«Papá, esclamaba el inocente, ¿con qué hay hombres de cuatro piés?»

Sigifredo hizo apear á uno de los ginetes y que le presentasen el caballo.

«Papá, prosiguió, y ¿dónde has cogido estos animales? Entre nosotros no los habia así en el desierto.»

Considerándole despues de mas cerca y notando en su boca el freno de plata con adornos dorados.

«¡Hola! esclamó, ¿comen estos hermosos animales el oro y la plata? A buen seguro que no se hallaria forrage para ellos en el bosque.»

Lo mismo le sucedió al ver levantarse las llamas: él las contemplaba con indecible asombro y decia:

«Mamá, ¿han hecho bajar los hombres el resplandor de las nubes, ó es que se lo ha enviado el buen Dios?»

Y extasiándose á medida que contemplaba el hermoso reflejo de las llamas y sentia su benéfico calor, esclamaba:

«¿Con que esto es el fuego? ¡Ah! verdaderamente, es un hermoso é incomparable beneficio del cielo este. Vos mamá bien me lo habiais esplicado pero yo estaba muy léjos de creer que así fuese. A buen seguro que si lo hubiese conocido antes se lo hubiera pedido en oracion á Dios. ¿No es verdad, mamá, que lo habríamos empleado bien este invierno?»

En la comida lo que le llamó mas la atencion sobre todo, fueron las frutas que se sirvieron. Inmediatamente cogió una hermosa manzana de un amarillo de oro, con cambiantes de púrpura, y esclamó:

«¿No hay invierno en donde vivís, papá, que nos traeis tan frescas y hermosas frutas? ¡Oh! debe ser muy bueno vivir con vos!»

Pero aunque se espresaba así, vacilaba en comer de ellas:

«Seria una lástima, decia, ¡son tan bonitas!»

Fijándose despues en un vaso sin osar tocarlo apenas, tomólo al fin con mucho tiento y esclamó con asombro:

«¡No se derrite! ¿Pues no está hecho de hielo?»

Mas despues que se le hubo esplicado de que materia era el vaso, y héchole mirar al través del cristal cuanto le rodeaba:

«¡Oh! esclamó, ¡cuántas cosas bellas y admirables ha criado Dios y yo ignoraba que existian!»

Pero cuando se asustó mucho fué cuando un page le presentó un plato de plata bruñida y clara como un espejo y descubrió en él su imágen. Al pronto retrocedió un paso, mas despues, cogió, no sin recelo el plato para tentar por detrás al niño que se figuraba ver. Para él era incomprensible como en tan poco espesor pudiera caber un niño; y lo que mas particularmente le admiraba y sacaba de tino, era que si se ponia sério, tambien se ponia el niño, y si sonreia, tambien al niño le asomaba la risa.

Todas estas gracias de Desdichado entretuvieron agradablemente á los convidados, y tanto como habian tenido que llorar Genoveva y Sigifredo, tanto en aquel instante tenian que reir, pero tan de corazon, que hicieron general la alegria de caballeros y escuderos.

No bien hubo terminado la comida, cuando regresó uno de los caballeros enviados por Sigifredo al castillo, con los vestidos de Genoveva. Inmediatamente pasó la condesa á la cueva, y despues de dar gracias á Dios por lá manera milagrosa que la habia salvado, se puso á vestir en un riconcito. Despues, tomando consigo la crucecita de madera, que venia á recordarle sus padecimientos pasados, y á excitar al presente su reconocimiento, se presentó vestida á la concurrencia. El conde hizo preparar una dócil acanea sobre la que estendió por sí mismo una finísima gualdrapa, y despues de ayudarla á subir, montando de un salto sobre su alazan, tomó en brazos á Desdichado y el cortejo echó á andar de esta conformidad hácia Sifreburgo.

A la mitad del camino seria, cuando encontraron la litera; y como mas cómoda para viajar, entraron en ella Genoveva y Desdichado.

Dejado que hubieron atrás las sinuosidades del bosque, y entrado en el llano, encontráronse con una muchedumbre de gentes de todas edades, sexos y condiciones; pues la noticia de haber sido encontrada Genoveva se esparció con la velocidad del relámpago por todo el condado y los lugares vecinos de aquellos dilatados contornos. Suspendidas las labores, los trillos habian sido colgados de las estacas de las granjas y arrinconadas las ruecas. Aldeas enteras habian quedado vacías, no quedando por salir al tránsito mas que los enfermos y los que los asistian. Cada cual iba ataviado con sus mejores vestidos y apresurábanse á salir al encuentro á su buena condesa. En una palabra, aquello era para el pais y muchas leguas á la redonda un verdadero dia de fiesta: no viéndose mas que una doble hilera de gente á cada lado del camino, que la saludaban al pasar con vítores y lágrimas de regocijo.

Entre los hombres que le salieron al encuentro, aparecieron tambien dos peregrinos á juzgar por los bordones con que se apoyaban y los sombreros y capas adornados de conchas que les cubrian.

Luego que la descubrieron pasaron ambos á los costados de la litera y echáronse á los piés de Genoveva. Eran los dos hombres que Golo habia comisionado para degollarla.

Uno y otro, especialmente Conrado pidieron perdon á Genoveva de haberla dejado abandonada en el desierto por temor á Golo, en vez de conducirla á Bravante á casa de sus padres. Ellos refirieron asimismo sus aventuras: poco despues de el hecho, no juzgando segura su vida cerca de Golo habian determinado ir en peregrinacion á la Tierra Santa; habiendo regresado pocos dias antes de su viaje, habian andado errantes por el condado sin manifestarse mas que á sus familias; y en fin, que viendo que desde mucho tiempo todos tenian á Genoveva por muerta, habian convenido entre si no decir una palabra sobre esta historia, á fin de no entristecer nuevamente al afligido conde.

«¡Ay! decian ellos, ¿cómo es posible nobilísima señora, que no hayais perecido de necesidad y de frio ó despedezada por las fieras? Nosotros teniamos por seguro que encontrariais con vuestro hijo en el desierto, una muerte mas terrible y segura que la que no tuvimos corazon de daros.»

«Alzad, amigos mios, les interrumpió Genoveva, tendiéndoles afectuosamente la mano; á vosotros, despues de Dios, es á quien les tengo que agradecer la vida.»

Y volviéndose vivamente á Desdichado:

«Y tú tambien, hijo mio, debes dar las gracias á estos compasivos hombres. Mira, ellos tenian órden de matarte, pero prefirieron mas obedecer á Dios que á los hombres. ¿No es verdad? continuó dirigiéndose á los peregrinos con la sonrisa en los labios y los ojos arrasados de lágrimas, ¿no es verdad que no teneis por que arrepentiros de habernos perdonado entonces?

—¡Ah! señora, Dios es testigo. Ciegos de nosotros, creíamos que haciamos una cosa asombrosa con dejaros á vos y á vuestro hijo con vida; pero ahora conocemos que no fué así, y que debiamos haber aventurado la nuestra por salvaros y conduciros á vuestro pais al lado de vuestros padres.»

Despues de la condesa, aquellos buenos hombres corrieron igualmente á arrojarse á los piés de Sigifredo, le demandaron perdon, y le dieron las gracias por la caridad que habia ejercido con sus esposas é hijos á ruegos de Genoveva, lo cual habian sabido con asombro; pero Sigifredo les contestó:

«Yo, á la verdad, no sabia que vosotros os habiais compadecido de mi esposa é hijo y perdonádoles la vida; por lo que al compadecerme de vuestras mujeres é hijos, di, sin saberlo, cumplimiento á aquel precepto de Jesucristo que leemos en el Evangelio:—Sed misericordiosos si es que quereis alcanzar misericordia.—Id pues en paz, que en adelante continuaré cuidando de vosotros y de vuestras familias.»

Ambos á dos se levantaron á la indicacion del conde y prosiguieron su camino escoltando la litera de su señora.

«¿Ves ahora, dijo Enrique á su camarada, como tenia razon?—Cuando te decia, que debemos recelar de obrar bien aun cuando redundase en perjuicio propio, pues á la corta ó á la larga no podemos menos de reportar buenos frutos.»

En el instante, en que prosiguiendo la marcha, la litera en que venia Genoveva llegaba á una eminencia que dominaba á Sifreburgo, todas las campanas de la poblacion que se extendia al pié del castillo señorial y de las aldeas circunvecinas fueron lanzadas á vuelo. La opinion pública era que en la salvacion de Genoveva habia intervenido visiblemente la Providencia; de aquí el que su vuelta se celebrase como una solemnidad religiosa. Genoveva no pudo menos de derramar lágrimas al oir las campanas que saludaban su llegada, y mas conmovidos aun que ella, no habia uno que no llorase de todos los habitantes. A esta emocion general, en breve sucedió un profundo recogimiento que elevando sus corazones al cielo hizo concluyesen por alabar y glorificar al Señor.

Pero cuando la multitud se hizo incalculable, fué á la entrada de Sifreburgo. A uno y otro lado del camino no se veia mas que hombres encaramados por los árboles, y en la poblacion, cuajadas de espectadores las ventanas y azoteas de las casas por donde habia de transitar el cortejo, pues todos querian ver de lo mas cerca posible á su adorada condesa á quien por tanto tiempo habian juzgado muerta.

Genoveva, en medio de esta ruidosa ovacion conservaba una actitud tan sencilla, que parecia la modestia personificada. Con los ojos bajos, diríase que se ruborizaba de los honores de que era objeto. Desdichado iba sentado en sus faldas. Él llevaba todavia su piel de corzo y tenia en la mano la crucecita de la cueva. A la derecha de la litera cabalgaba el conde y á la izquierda el fiel Wolf acompañado de los peregrinos, á quienes como un perro doméstico seguia la cierva. Parte de los caballeros y sirvientes del conde precedian montados á la litera y el resto seguian en pos de esta.

Mientras pasaba lentamente el séquito por entre la muchedumbre, los espectadores se decian unos á otros:

«¡Oh nuestra buena y adorada condesa! ¡qué flaca y descolorida que viene! parece una santa... De esta conformidad debia estar María al pié de la cruz.»

Otros por su parte fijándose en Desdidado:

«Qué niño mas hermoso, decian. Con su zaleita de corzo y la cruz en la mano, parece idéntico al San Juan Bautista en el desierto que hay en nuestra iglesia.

¿Y no veis la cierva, esclamaba un tercero. Hasta las mismas bestias, sobre no tener entendimiento, aman á nuestra escelente condesa.»

A su vez las madres levantando á sus hijos en alto para que viesen á Genoveva se la señalaban diciendo:

«Mira, esta señora es aquella por quien tan amenudo lloraba y de quien te contaba tantas cosas buenas: cuando nos la quitaron, aun no habias nacido.»

Mas allá un padre encaramando sobre sus hombros á un niño mas mayorcito para que viese bien el cortejo:

«¿La ves bien ahora? preguntaba, ¿la ves bien? Ella es la que te hizo tanto bien cuando todavía estabas en la cuna...

Entre la muchedumbre veianse tambien algunos ancianos que apoyados trabajosamente en sus báculos habian acudido á verla. Ellos suspiraban y sollozaban de contento; felicitábanse de no haber muerto sin gozar de tan gran dia, y en su emocion les temblaban los brazos y las rodillas, y sentian todo su cuerpo agitado por tales sentimientos.

Al llegar Genoveva al patio del castillo, descubrió al pié de la escalera principal á todas las damas de la nobleza de los alrededores, que espontáneamente sin concertarse, habian acudido acompañadas de sus hijas, á recibirla y cumplimentarla. Entre todas no habia una que no se regocijase de saber que era inocente y que vivia aun ; y complacidas de ver que una misma idea las habia reunido allí á todas sin escepcion, miraban aquel bello dia como de triunfo para las virtudes de su sexo, como una solemnidad tan honrosa como satisfactoria para ellas y para sus hijas; asi es que iban ataviadas como si se tratase de la reunion mas brillante.

Una de ellas, que descollaba entre todas por su juventud y hermosura, vestida de blanco y adornada con un collar de perlas de un valor extraordinario, adelantóse á Genoveva al descender de la litera, llevando en la mano una corona de siempre verde arroyan entretegida con rosas blancas, y se la presentó en testimonio de su *fidelidad é inocencia*.

«Aceptad, señora, le dijo entrecortada por las lágrimas, aceptad este homenage en nombre de todas nosotras. Don es este harto insignificante en comparacion del que os prepara Dios en el cielo, donde os tiene reservada otra corona mas bella en recompensa de vuestras virtudes.»

Genoveva que no conocia á la gentil doncella que la cumplimentaba por todas, sentia escitarse su curiosidad, cuando he aquí que vinieron á sacarla de dudas algunas señoras que pronunciaron inmediato á ella su nombre. La jóven era Berta, la amable y escelente criatura que siete años antes, pues no tenia mas que catorce entonces, habia ido á visitarla á su calabozo.

«Sí, condesa, dijeron las damas al advertir la satisfaccion que esperimentaba Genoveva, ella fué la única que se interesó por vos, en aquellos dias de adversidad en que os veiais abandonada de todos. Por eso hemos querido que ella fuese la primera que tomase parte en vuestra felicidad y en los honores que os tributamos.»

Volviéndose Genoveva nuevamente á la jóven, al reparar en aquellas perlas tan conocidas para ella, se le representó aquella terrible noche, la última de su cautividad y la primera de su desamparo en el bosque.

«¡Oh! esclamó levantando sus ojos al cielo, ¿quién habia de pensar cuando era arrojada de aquí con mi hijo en brazos como una miserable delincuente, que debia volver á entrar de esta manera. Vos solo, oh Dios mio, lo sabiais entonces. Vos el que me preparabais ya desde entonces la felicidad que esperimento ahora.»

Aceptando, despues no sin ruborizarse ligeramente, la corona que le presentaba Berta:

«¡Oh Dios mio! esclamó, si de esta suerte honrais y regocijais á la inocencia en la tierra, ¡qué será un dia en el cielo!

—En efecto, mi querida ama, dijo Wolf. Si bien es verdad que la inocencia no siempre es honrada como se merece en la tierra, y rara vez ve brillar para ella un dia de triunfo como el presente; Dios, sin embargo, de vez en cuando, quiere que sea así, para darnos anticipadamente un remedo de las alegrías del cielo...»

Y dirigiéndose al conde.

«Sí, mi señor y amo, prosiguió, despues de ochenta años que estoy en el mundo, he asistido mas de una vez á triunfales entradas en este castillo, pero ninguna he presenciado comparable á la que hace hoy en él nuestra idolatrada señora.

—Bien dices, Wolf, respondió el conde; y esto es porque en este triunfo no entra para nada el hombre. El es el triunfo mas magnífico que concebirse puede: el triunfo de la virtud sobre el vicio.»

Estas palabras de Sigifredo fueron saludadas con estrepitosos aplausos por caballeros y damas. En cuanto á sus encantadoras hijas concertaron que en lo sucesivo, el siempre verde arrayan y las rosas blancas fuesen un símbolo de inocencia virginal en las doncellas y de fidelidad conyugal en las casadas; y que en su consecuencia formarian todas con ella su corona nupcial: costumbre que se ha conservado hasta nuestros dias en una gran parte de Alemania.

Las gratas emociones de tan hermoso dia, en que tantas lágrimas habia tenido que derramar y tantas enhorabuenas que recibir, tenian á Genoveva como desvanecida. Sin dilacion transportáronla á su aposento, donde en tantos años no habia entrado, y despues de dar una vez mas gracias á Dios por su admirable salvacion y conversar un momento con la viuda y los huerfanitos de Draco á quienes prometió protegerles, se entregó al necesario reposo en la cama que le tenian preparada de antemano. La fiel Berta quedó velando á su lado, y desde entonces no se separó de Genoveva, quien ya no quiso nunca ser servida por otra mas que por ella.

CAPITULO XVII.

Genoveva vuelve á ver otra vez á sus padres.

Mientras en Sifreburgo robosaba el mas espansivo contento, reinaba el mas profundo pesar en el ducal palacio de Bravante. El anciano Wolf, apesar de su avanzada edad y sus achaques, se ofreció á llevar á los padres de Genoveva la plausible noticia de su hallazgo; pero Sigifredo se opuso á su demanda:

«No, mi antiguo amigo, le dijo; quédate aquí y renuncia tan penoso é incómodo viaje en hombre mas jóven que tú. Demasiado sabes la fatiga que te ha ocasionado nuestro regreso de la campaña contra los sarracenos, pues me solias decir ameńudo por el camino:—Este es el último viaje que hago á caballo.»

Pero Wolf no cejaba en su determinacion.

«El hombre propone y Dios dispone, contestó á Sigifredo. Despues de tantas espediciones sin mas objeto que reñidos combates el Señor me ha reservado para una espedicion de honor y de regocijo y de la cual no debo á fé mia privarme. Así, señor, creedme y permitidme que vuele allá.

—Pero reflexiona en tu vejez, repuso Sigifredo; reflexiona en lo largo del camino y en lo rigoroso todavía de la estacion. Reflexiona, amigo Wolf, en todo esto.

—Eso es lo mismo que nada, dijo Wolf. Amen de que yo me siento rejuvenecido desde que tenemos entre nosotros á nuestra buena señora la condesa. Vaya ¡si parece que se me hayan quitado diez años á lo menos de encima! Esta comision pondrá mas dignamente el sello á mi profesion de escudero. Despues, descuidad, ya tomaré vuestro consejo y me tenderé cargado de años y dormiré hasta el dia del juicio.

—Sea pues, dijo condescendiendo con sentimiento el conde; parte ya que te empeñas, mi antiguo y leal compañero de armas. Toma el mejor caballo de mis caballerizas y doce de mis mejores ginetes para tu escolta, y cuando llegues allá dí á los padres de mi querida Genoveva lo que tu corazon te dictare y comprendas que yo les diria si fuese...¡El Señor te guie en tu camino y te restituya sano y salvo á mis brazos.»

Lo mismo que su esposo, Genoveva hizo comparecer ante ella al honrado escudero y le encargó dijese á sus tiernos é ilustres padres, objetos de su ternura, todo cuanto el respeto y el amor filial pueden inspirar de mas tierno.

Wolf no pudo con el contento conciliar el sueño, en toda la noche, y antes de alborear el dia, despertó á los que habian de escoltarle, les ayudó á dar el pienso y ensillar los caballos, y equipados de todo desde la víspera como estaban, montó á caballo y partió seguido de ellos al galope.

A la cabeza siempre de sus bizarros ginetes animábales como si se tratase de ir á los alcances del enemigo:

«¡Ea! les decia, ¡buen ánimo, camaradas! ¡adelante! ¡adelante!

Y así como el primer dia, al siguiente y al otro andando desde antes que clarease el dia hasta despues de bien entrada la noche.

«Pero señor mayordomo, le preguntaban aquellos bravos, ¿por qué ir así todo el santo dia á uña de caballo?»

Empero Wolf, aguijoneando á su cabalgadura:

«¿A uña de caballo?... les respondia; ¡ah! pensad en la pesadumbre de que vamos á aliviar á unos escelentes padres. Cuando un valiente puede ahorrar al que padece algunas horas siquiera de tormento, no debe retroceder por un poco de fatiga é incomodidad ni andar en contemplaciones con sus huesos. ¿No hemos andado muchas veces á caballo meses enteros para repartir mandobles y causar lágrimas? pues corred tambien uno ó dos dias ahora para curar heridas y enjugar lágrimas. ¡Oh! lo que yo quisiera es que este corcel tuviese alas como el que yo vi pintado en no sé que parte, y que á decir verdad era la cosa que me dejó mas maravillado en el mundo.»

Y así diciendo hostigaba de nuevo al corcel con el acicate.

Un anciano caballero á cuyo castillo fueron á pernoctar un anochecer Wolf y los doce soldados que le escoltaban le notició como el venerable obispo Hidolfo que habia desposado á Sigifredo con Genoveva, se hallaba justamente á algunas leguas de allí, adonde habia ido a bendecir un templo recientemente construido.

«Pues corramos á rienda suelta á encontrar á este santo varon, dijo Wolf volviendo á ensillar su caballo. El no debe ignorar, á la verdad, el fausto mensage de que somos portadores. Además, que como prudente é instruido, quiero pedirle consejo de como podré desempeñar mi mision cerca del duque y la duquesa; pues aunque todo el camino me he venido devanando los sesos no he hallado un medio que fuera discreto. Lo que hubiera sido de mi agrado es llegar y comenzar á gritar desde la puerta:—¡Genoveva ha sido hallada! ¡aun vive Genoveva! pero así no se hacen las cosas. ¡Cosa rara! Yo que soy un soldado veterano, que no he sabido lo que era el miedo, ahora, os lo aseguro, estas tres ó cuatro palabras:—Aun vive Genoveva—me afectaron de tal suerte que me puse á temblar con todos mis miembros, y aun todavia me hacen temblar cuando me acuerdo. Nunca hubiera creido que la alegría pudiera espantar á uno en tales términos. Pues ahora os pregunto yo: ¿si estos efectos produce una alegria en los estraños, qué sucederá en los padres? ¿no seria posible que un esceso de felicidad, asi de súbito, los matase, como una flecha disparada que hiere en medio del corazon? Preciso es, pues, darles poquito á poco la noticia, ir escogitando y midiendo las palabras, dirigir sútilmente y por medio de rodeos la conversacion..... cosas, camaradas, que yo no sé hacer y en que no me he visto en mi vida. Cualquiera de nosotros sabe manejar la espada mejor que la lengua; así, lo mejor que podemos hacer, repito, es ir á encontrar á ese venerable prelado á que nos ayude con su consejo: pues el insinuarse en los corazones, es ciencia que debe poseer á fondo.»

Y sin detenerse, Wolf y su gente montaron á caballo y se dirigieron al galope hácia el lugar en que se les indicó se encontraba.

Reunírsele, referírselo todo y exponerle las razones que les habian movido á buscarle, fué negocio de dos ó tres horas. Hidolfo, en el colmo de su regocijo, prorumpió en alabanzas y acciones de gracias á Dios; y dirigiéndose despues á Wolf:

«Tranquilizaos, buen anciano, Dios es quien lo ordena y dirige todo, hasta las circunstancias mas insignificantes. Yo justamente me preparaba en este instante á partir al lado de estos entristecidos padres. Mi deber lo exigia. Partamos, pues, juntos.»

El honrado Wolf no pudo quedar mas complacido de lo que quedó con esta respuesta, y así él como su gente, tuvieron á mucho honor el ir escoltando al santo obispo.

Los duques de Bravante que en su dolor celebraban todos los años un aniversario en la iglesia de su castillo, en conmemoracion de aquel dia terrible en que recibieron la noticia de la ejecucion de Genoveva, hallábanse precisamente á la mañana del siguiente dia en su aposento, disponiendo el sexto, poseidos del mas profundo pesar. Mucho era lo que habian envejecido en aquel intermedio, y prematuras canas emblanquecian sus venerables cabezas. Uno y otro vestian de riguroso luto; color que vestia siempre la duquesa desde que recibiera la aciaga nueva. Adelantada estaba ya la hora designada para el oficio, y no esperaban los duques mas que la llegada del obispo, al cual encargaban todos los años la celebracion del oficio de difuntos en el mismo altar en que habia desposado á Genoveva con el conde.

«¡Oh! decia consigo mismo el duque en la exaltacion del mudo dolor que le oprimia, ¡qué golpe tan cruel! ¡qué cúmulo de males tan terribles! ¡Nuestra casa ducal nublada por la deshonra, y extinguida en el deshonor nuestra familia!.. Empero, hágase Señor, vuestra voluntad adorable.»

A su vez murmuraba la duquesa entre sollozos:

«¡Una hija única! ¡una hija idolatrada, perderla así! ¡á manos del verdugo! ¡Esto es demasiado horrible! ¡Y nosotros, Genoveva, pensábamos que asistirias como un ángel á nuestra agonía, que cerrarias dulcemente nuestros ojos, y ¡ay! no será así. Sin embargo—añadió conformándose como su esposo,—hágase vuestra santa voluntad, ¡oh Dios mio!»

Apenas acaba de pronunciar estas palabras cuando el venerable obispo se presentó en la estancia. Una celestial alegría iluminaba su semblante.

«Cesad de desconsolaros, les dijo en entrando, y load y alegraos en el Señor.»

Y animado del mas vivo entusiasmo y el mas profundo enternecimiento, comenzó á proclamar los admirables caminos de la Providencia y á hacer aplicaciones del pesar de Jacob cuando le fué arrebatado su hijo, al pesar de los duques; pintando despues el gozo del anciano patriarca cuando halló nuevamente á José. El espíritu con que habló el obispo y el suave fuego de su elocuencia impresionaron vivamente á los augustos esposos. La idea de la ternura inefable de Dios que todo lo hace redundar en nuestro propio bien, y la del paternal júbilo de Jacob hizo lucir un rayo de alegría en su corazon, que eclipsó en breve su inconsolable tristeza.

«¡Ah! decia la duquesa cruzando las manos sobre su pecho, ¡si de semejante gozo nos tocara una parte!...

—¡Nunca mas en la tierra! esclamó el duque. Unicamente en el cielo.

—Decid que en el cielo y en la tierra, replicó el venerable obispo. El Señor siempre está obrando maravillas. Él causa las heridas y tambien las cura; lleva las criaturas al sepulcro y las saca otra vez. Él, el Dios de Jacob y de José vive todavia. Asi como fortaleció vuestro corazon pronto á rasgarse á los embates del dolor, ¡ojalá os lo fortalezca ahora tambien para que no sucumba á los de la alegría!..... Sí; en vez de los cantos lúgubres que en este momento queríamos entonar en la iglesia, entonemos otros de regocijo. El *Te Deum* resuene bajo sus bóvedas; pues, ¡loado sea el Señor! Genoveva vive, vive y volvereis á verla!»

El duque y la duquesa, se quedaron á esta noticia mirando atónitos al prelado. Un súbito temblor se apoderó de su cuerpo al oir espresarse de esta suerte al piadoso anciano. Su corazon luchaba entre el temor y la esperanza y apenas podian creer lo que acababan de oirle.

Abriendo entonces el obispo la puerta, llamó á Wolf que con el corazon palpitando estaba con sus camaradas en la antecámara del duque.

«Ved aquí un mensajero que podrá daros mas sucintos detalles, dijo.»

Penetrando entonces Wolf en la entancia:

«La condesa vive, esclamó, no lo dudeis. Yo la he visto, con mis propios ojos, he oido su voz con mis propios oidos, y he tenido la honra de estrechar su mano con estas manos!»

Esta noticia circuló como el rayo en el ducal palacio de Bravante. «¡Genoveva vive!»

tal era la esclamacion que corria de boca en boca entre los escuderos y damas de servicio del duque, que pasmados, atónitos, fuera de sí, se precipitaron todos de tropel en el aposento. Wolf, en pié en medio de ellos, comenzó á referir la maravillosa historia con todos sus detalles: las lágrimas brillaban suspendidas en sus encanecidas pestañas y la emocion le ahogaba la voz en la garganta. Los circunstantes á su vez, no podian contener sus sollozos, y el duque y la duquesa, pálidos, trastornados con una revelacion tan súbita, apenas podian darse razon de lo que les pasaba.

Por último, no pudiendo abrigar la menor duda, pues hasta los hombres que habian venido escoltando á Wolf confirmaron una por una sus palabras y él mismo les estaba dando los recados que Genoveva y Sigifredo les mandaban por tan leal servidor, quedaron los amorosos padres como si acabasen de despertar de un sueño.

«Bastante hemos vivido ya pues que aun vive nuestra hija. Genoveva, esclamaban ambos. Dispóngase inmediatamente todo para ir á ver antes de morir á nuestra querida hija.»

En su consecuencia, despues de haber rendido todos á Dios las mas solemnes acciones de gracias, pusiéronse en camino con un numeroso tren de criados para Sifreburgo acompañados de Hidolfo y escoltados por Wolf y su gente que se engrosó con doce ginetes mas al servicio del duque.

Genoveva entre tanto se habia restablecido merced á la buena asistencia y solícitos cuidados que se la prodigaban, y sus mejillas comenzaron á colorearse con un ligero carmin. El único deseo que atormentaba todavía su corazon era el de abrazar á sus queridos padres.

Pero, ¡oh júbilo! inopinadamente, de sorpresa, presentáronse en Sifreburgo mucho mas pronto de lo que todos esperaban. Ellos la abrazaron derramando un torrente de lágrimas.

«Ya Señor, podeis dejar morir en paz á vuestro siervo, decia el venerable duque con una emocion como la del anciano Simeon en otro tiempo, una vez que mis ojos han alcanzado esta dicha.

—Y yo ya puedo morir, y moriré contenta, decia á su vez la duquesa con una ternura como la de Jacob, pues te contemplo viva y rehabilitada á los ojos de todos.»

Y ambos ancianos lloraron largo rato alternativamente echados al cuello de su hija.

No fué hasta pasada esta primera espansion cuando repararon en Desdichado.

«¡Oh Dios mio! prorumpieron á una el duque y la duquesa, ¿Con que eres tú nuestro nieto? ¡Ah! ven, ven á mis brazos.»

Y mientras el duque le tenia y abrazaba:

«¡Dios te bendiga, decia!

—Si, Dios te bendiga ángel mio, amor

mio! repetia á su vez su abuela la duquesa y le colmaban de caricias y lágrimas.»

Despues, poseidos de admiracion, entrambos comenzaron á glorificar al Señor.

«¡Qué prodigioso, decian, que maravilloso sois, Dios, todopoderoso, en vuestras obras!... ¡Hija idolatrada! Nosotros te llorábamos pensando no volver nunca á verte; te juzgamos muerta, y he aqui que Dios hace estrechemos hoy en nuestros brazos, no solo á ti, sino tambien á nuestro querido nieto á quien aun no habiamos visto.»

En esto, el santo obispo que habia estado retirado presenciando esta escena, presentóse ante Genoveva y Sigifredo, que no habian reparado en él entregados á su alegria. Al reparar en él la condesa le creyó un enviado del cielo, por Dios. El apostólico varon, posando una mirada de satisfaccion y de amor sobre Genoveva, Sigifredo. Desdichado y los ilustres duques, los bendijo, y elevando sus temblorosas manos al cielo:

«Ahora, dijo, ha cumplido el Señor lo que dejara vislumbrar á mi espíritu. Dios, hija mia, os ha dado hoy á saborear lo mismo que á todos los vuestros, una felicidad superior á la que pueden porporcionar todos los goces y glorias del mundo; una felicidad, que ha comenzado por grandes sufrimientos, que es como debe comenzar toda felicidad verdadera. Ellos son el camino que conduce á la perfeccion cristiana, en comparacion de la cual no es mas que polvo todo lo terreno; pues ella sola nos hace aptos para poseer un dia la bienaventuranza eterna. Ahora bien: este áspero camino que conduce al cielo es el que Dios ha hecho recorrieseis todos. Genoveva ha probado en él su confianza en Dios, su paciencia en la tribulacion, su caridad con sus enemigos y perseguidores y otra porcion de relevantes virtudes, en una palabra: su virtud ha pasado por las mas rudas pruebas pudiéndosela comparar al oro mas puro. Sigifredo á su vez ha aprendido merced á una dolorosa esperiencia cuan deplorables é incalculables amarguras puede engendrar la mal domada fogosidad de las pasiones: y la sombria desolacion en que se ha visto sumido, y el desamparo á que dejó reducida á la que amaba mas en el mundo le han convencido de la necesidad de saber vencerse y sujetar las pasiones al imperio de la razon. Por lo que toca á Desdichado, bien puede asegurarse que ha aprendido mejor á conocer á Dios en el desierto, que lo hubiera hecho probablemente en medio de las distracciones de que se hubiera visto rodeado en el castillo de su padre, ó en el palacio de su augusto abuelo. ¡Quién sabe si Dios le hubiese llevado á una corte, donde pululan tantos aduladores, en vez de esa espantosa soledad, hubiéramos descubierto en él esas virtudes que descubrimos hoy, semejantes á las tempranas flores, y que prometen los ópimos frutos de la modestia, la ingenuidad, la obediencia y la sobriedad! En cuanto á los padres de Genoveva, en fin, consternados con la nueva de la muerte de su hija, no hallando consuelo ni satisfaccion en la tierra, sus miras todas se han reconcentrado en el cielo; de dia en dia han ido penetrándose mas de la pequeñez y vanidad de todo lo de la tierra y de la imposibilidad de hallar una verdadera é inamisible felicidad fuera del cielo, de ese mundo mejor, donde no hay hombres que la arrebaten, ni ojos que lloren, ni muerte que nos separe. Así, arrastrados del deseo de llegar á él, han aspirado á su posesion y han conceptuado deseable lo que todos rehuyen; la muerte; pues han visto en ella á un ángel del Señor, que hace vuelen las almas á su verdadera patria, á los brazos de su celeste Padre. Todos, pues, hemos adelantado en esperiencia y virtudes, y tocado el fin de las tribulaciones, vémonos gracias á Dios, reunidos aquí milagrosamente, contra todo lo que esperábamos, cuantos éramos la última vez que nos vimos... ¿Qué digo? aun se ha aumentado el número con este amable niño. Démosle pues gracias por su bondad en dar mas de lo que promete y, bienaventurado el que perseverare hasta el fin; pues habiendo salido victorioso, recibirá la corona de justicia que promete Dios á los que le aman: corona que está en vuestras manos el alcanzarla.

CAPÍTULO XVIII.

Las tribulaciones de Genoveva traen la prosperidad al pais.

Tan luego como se supo que Genoveva se hallaba mucho mejor y restablecida de sus quebrantos, cada dia llegaban gentes al castillo deseosas de verla. Wolf, bajo palabra de honor, tuvo que prometer á la condesa no despedir á nadie sea quien fuese, aun al mas ínfimo vasallo: de modo, que siendo grande la afluencia, siempre estaba lleno el aposento de Genoveva.

Aquellas buenas gentes, no obstante, guardaban un silencio y recogimiento tal, que apenas se atrevian á respirar ni pasar adelante, sino que permanecian en pié á la puerta, los hombres con la gorra en la mano, como en la iglesia, y los niños, aun los que iban en brazos de sus madres, levantaban graciosamente sus manecitas al cielo.

Genoveva, que por lo regular á la hora en que iban aquellas buenas gentes reposaba aun, ó acababa de levantarse, recibiales en la cama ó en un soberbio sitial. Su hermoso y pálido semblante respiraba una piedad tan celestial, una tan angelical dulzura, una benevolencia y afabilidad tan tiernas, que los que la miraban creian verlo rodeado de una divina aureola. Ella les hacia entrar y que se le acercasen, y siempre les dirigia unas palabras que no podian olvidárseles en su vida.

«Amigos mios, deciales entre otras cosas, con esa voz afable y cariñosa que se atrae los corazones, me es sumamente grato el que vengais á visitarme, y os doy gracias por el amor que me manifestais tomando parte en mis penas y satisfacciones. ¡Ah! yo me hago cargo de las muchas penas que teneis tambien vosotros; pero amad constantemente á Dios, confiad en él y no os desanimeis. No hay apuro de que él no saque á los que le aman; cuando todo parece perdido aun puede ayudar, y cuanto mayor es la afliccion está el socorro mas próximo. Él todo lo lleva á buen término. ¿No es asi? ¿no lo estais viendo patentemente en mis aventuras mismas?

«Vivid contentos con lo que tengais y satisfaceos con poco, que tambien se puede ser feliz con poco. Esto lo he aprendido en el desierto. Sí, por pobres que seais, siempre tendreis mas que lo que tenia yo allá. Vosotros teneis al menos una cabaña, un vestido, una cama, un hogar encendido en el invierno y una sopa caliente; esto es cuanto puede necesitar el hombre. Por lo tanto, no se pegue vuestro corazon á lo temporal; no fundeis vuestro reposo en el dinero muerto, sino en Dios vivo. Dios es el que puede convertir en un instante al millonario en un mendigo y dar al necesitado castillos y tesoros. En mi teneis la prueba.

«Manteneos firmes en Dios, orad de buena voluntad y conservad siempre pura vuestra conciencia. Quien no comunica mas que con Dios y le lleva constantemente en su corazon, tiene el cielo en su corazon. La oracion da fuerzas para obrar bien y aliento para soportar los sufrimientos; ella penetra hasta las nubes y jamás queda desoida y sin eficacia. Una buena conciencia, es una dulce almohada en las tribulaciones, en los calabozos, en las enfermedades y en la muerte. Tal vez un dia lo esperimenteis: yo lo he esperimentado ya.

«Cuando os acuse vuestra conciencia, —¿á quién no acusará ella?—aun cuando no sea de un crímen como el que se me imputó, procurad ante todo reconciliaros con Dios, y al efecto refugiaos en Jesucristo su divino hijo. A él envió el Padre Eterno por salvar á los pecadores; él es la redencion y la vida, él el que derramó su sangre para que obtuviésemos el perdon de nuestras faltas. Si decimos que no tenemos ninguna de que acusarnos, nos engañamos á nosotros mismos; pero si nos reconocemos pecadores, Dios justo y leal perdona nuestras ofensas y nos purifica de nuestras manchas.

«Gustad de escuchar la esplicacion del Evangelio: él mejorará mas aun vuestros corazones, pues ejerce en ellos una influencia que escede á cuanto pudiera deciros. Con el libro de los Evangelios en una mano y una cruz en la otra, vinieron hasta vosotros los primeros predicadores de la palabra divina. Os lo repito, oid el Evangelio, retenedlo en vuestro corazon y observadlo en vuestra conducta; pues él es la palabra de Dios, y tiene en sí, la virtud de hacer felices á los que le creen y practican.

«Acordaos tambien de esta máxima:— EN LA CRUZ, LA SALUD.—Por la cruz, esto es, por las penas y tribulaciones, debemos llegar al reino de los cielos; así como Jesucristo llegó por la cruz, por su pasion y muerte á su magestad. ¿Rehusaremos pues seguir nosotros este camino?.....»

Y asi diciendo, la piadosa princesa les tendia á uno tras otro la mano, y hacia le prometiesen cumplir cuanto les habia encargado.

Con los maridos y sus mujeres, los padres de familia y sus hijos, entraba en algunas oportunas consideraciones. A los casados les recomendaba la mútua consideracion y amor, y les precavia contra los celos.

«No deis oidos sobre todo, les decia, á las falsas lenguas que pretenden sembrar el odio y la discordia entre vosotros.»

¿Quién mejor que ella podia hablar asi que habia esperimentado los pesares que acarrean las malas lenguas aun á los matrimonios mas acertados?

A los padres y madres encareciales la necesidad de educar piadosa y cristianamente á sus hijos.

«Considerad, decia, dirigiéndose ora al uno, ora al otro, que no está escrito en la frente de vuestro hijo lo que le sucederá un dia. Por el pronto sonrie gozosamente en este mundo en el que acaba de entrar, pero un tiempo vendrá en que se ha de entristecer y llorar como todos los desterrados en este valle. Educadle por lo mismo bien, á fin de que adquiera la fuerza de que necesita para atravesarle. Cuando mi madre la duquesa de Bravante me tenia en sus brazos, como vosotros teneis á vuestros hijos, estaba muy léjos de pensar que su hija única estaria siete años sin asilo, sin pan y sin abrigo. Felizmente me educó en el amor y temor de Dios, y en una sólida confianza en su voluntad; sin ello, yo hubiera sucumbido á mis pesares en el desierto, me hubiera desesperado y tal vez atentado contra mi vida, y hoy no me veria feliz en medio de vosotros. Sin una fé segura y concentrada en Dios, en Jesucristo, en una vida eterna, la vida seríanos enojosa y amarga. Inculcad, pues, desde muy temprano esta fé en vuestros hijos.»

Acabadas estas pláticas, Desdichado, por encargo de su madre, regalaba alguna cosa bonita á cada niño, no habiendo uno que se fuese sin su presente. Estas bondades, y la afabilidad y exhortaciones de la prudente condesa animaron á aquellas buenas gentes, hasta el punto de llorar como criaturas los hombres mas insensibles La piedad de Genoveva, sus penas, su paciencia, sus discursos y sus ejemplos, vinieron á ser una bendicion para todo el pais. En muchas leguas á la redonda mejoráronse visiblemente los hombres é hiciéronse mas religiosos, y en muchas cabañas en que antes reinaban las desavenencias, rigió desde entonces la paz, el amor conyugal y el contento. El venerable obispo solia decir á menudo:

«Cuando Dios quiere hacer un gran bien al hombre envíale rudos padecimientos, que son otras tantas bendiciones que nos dispensa la providencia. Las desventuras de Genoveva han operado mayores conversiones que mis sermones.»

CAPÍTULO XIX.

Fatal destino de Golo.

Cuando las gentes que iban á visitar á la condesa bajaban de sus habitaciones, quien escitaba particularmente su curiosidad era Golo. El tribunal constituido para fallar su causa le habia sentenciado por calumniador, criado infiel y reo de triple asesinato á ser descoyuntado por cuatro fogosos caballos, ó en su defecto por otros tantos vigorosos bueyes. Mas el conde, á los reiterados ruegos de su esposa, habia conmutado esta última pena por la de cadena perpétua en el fondo de un calabozo, pues el librarle no estaba en la mano del conde.

El carcelero encargado de enseñarle de os que lo solicitaban no tenia un cuarto á hora de reposo, pero hacíalo de muy buena gana.

«Venid, decia, si arriba en el aposento de la condesa habeis visto un retrato de la virtud y la inocencia, aquí bajo en el calabozo de Golo vereis la imágen del vicio y del crimen.»

Y provisto de su linterna y su manojo de llaves bajaba precediéndoles por los estrechos peldaños de piedra de una escalera de caracol, hasta unos profundos subterráneos. Al girar rechinando sobre sus goznes las ferradas puertas, no habia uno que no se estremeciese; mayormente cuando, al resplandor de la linterna, descubrian á Golo en las tinieblas de tan fétido calabozo.

Su aspecto no podia ser mas terrible: los cabellos pendianle desgreñados y sueltos sobre la frente; una larga barba medio tapaba su cara blanca como la cera, y sus ojos negros dejaban vagar una feroz y recelosa mirada.

Su dañada conciencia le atormentaba hasta el punto de ponerse enteramente frenético; cuando esto sucedia, ahullaba de una manera espantosa, sacudia con estrépito sus cadenas y se daba de calabazadas contra las paredes. Luego que volvia en si de estos accesos, comenzaba á razonar sobre veinte asuntos diferentes, y sus estraños discursos penetraban hasta la médula de los huesos.

«¡Oh que loco, qué loco rematado he sido!.. esclamaba. Desventurado el que se aparta de Dios, abre su corazon á los malos deseos y desoye la voz de su conciencia! En buen hora comience á disfrutar algunos goces ficticios, ruines y engañosos, su fin será el dolor y la miseria. Pasea entre flores, pero de pronto se sume en un abismo que le arrebata de la vista las flores. Sí, desventurado, desventurado del que aspira á voluptuosidades ilícitas. Paso á paso aproxímase furtivamente hácia el florido rosal, alarga su mano para alcanzar una de sus rosas, pero de pronto levántase de entre ellas silvando una ponzoñosa serpiente, enróscasele al rededor de su cuerpo, y le oprime, le sofoca, le muerde é ingiere en sus venas el veneno que le mata en breve.»

Amenudo preguntaba, aunque ya repetidas veces se lo habian dicho.

«Y decid, ¿es cierto que han hallado nuevamente á la condesa y á su hijo, ó será que yo lo he soñado? Pero no, no, esto no es un sueño, es la verdad, la pura verdad... Yo lo creo; porqué, continuaba con voz lastimera, Dios es un vengador terrible. El salvó á ellos de este horrible calabozo y me ha precipitado á mi. Sí, sí, aquí estaba sentada ella, decia al propio tiempo que golpeaba con sus puños las encarnadas losetas del pavimento, aquí, en este mismo sitio donde yo yazgo. ¿Dudareis ahora que Dios es justo?»

Otras veces: «Alabado sea Dios, esclamaba, ¿al fin venís á buscarme? ¡Ah! está bien. Conducidme al suplicio: no deseo otra cosa.—Y así diciendo se levantaba. Llevadme: yo he hecho degollar á una madre inocente y á su hijo; por tanto, se me debe cortar la cabeza. Si, yo he vertido la sangre inocente... No veis? mis manos están llenas... Están todavía tintas y destilándola... Ni los arroyos de lágrimas que vierto serian bastantes á lavármelas. Ved aquí por que ha de correr la mia en el cadalso. Yo voy de buen grado. Mas vale morir bajo la cuchilla del verdugo, que sufrir aquí, aquí, decia señalando su corazon, las torturas que estoy sufriendo.»

Algunas veces tambien, encontrándose en medio de estas angustias y esta desesperacion con que le atormentaban y ponian fuera de sí los remordimientos, si acertaba á abrirse la puerta, dirigia á los que llegaban una mirada fija, asombrada, y despues prorumpia asi en una carcajada que hacia estremecer:

«¿Cómo es el venir aqui vosotros? ¡Ah! ¿Es que os habeis dejado tambien arrastrar por el demonio? ¿qué habeis intentado seducir á la inocencia?.. Mostradme las manos, que yo las vea, que yo me cerciore si están humedecidas por las lágrimas de alguna desgraciada madre, ó tintas en sangre de algun recien nacido infante. ¿No me las enseñais? ¿no os atreveis á enseñármelas?.. ¡Ah! todo lo sé, gritaba terriblemente, entonces es cierto lo que decia: vuestras manos están empapadas de lágrimas y sangre como las mias: sois tambien unos malvados como yo lo he sido. Llegad pues, llegad hasta mí. Ved, prosegui a haciéndose á un lado y señalando su sitio, aquí está vuestro lugar de hoy en adelante: todos los asesinos son mis camaradas de calabozo...

Asustados los niños por estos gritos frenéticos comenzaban á llorar y á taparse la cara con el vestido de su madre; los mozos y doncellas proponian mantener su corazon libre de crímenes tan enormes y que precipitan en tal miseria al que los comete, y mas de un esposo y una madre de familia se retiraban diciendo:

«Mejor prefeririamos comer raices y yerbas en un desierto, inocentes y puros como Genoveva, que vivir como Golo en la abundancia de los palacios con la conciencia intranquila y venir á tener luego semejante fin.

«Teneis razon, les contestaba el carcelero cerrando la ferrada puerta; y si bien es verdad que no siempre el hombre vicioso y criminal tiene este fin en este mundo, es indudable que lo tendrá mas espantoso en el otro.» Golo vivió aun muchos años en aquella desesperada situacion. Si su muerte fué ó no mas consolada, absolutamente se ignora. Lo que sí se decia, es, que nunca jamás tuvo reposo, por lo que aplicósele al fin la última pena que tenia tan merecida.

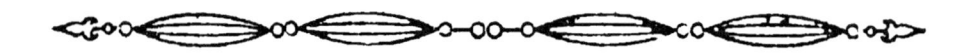

CAPITULO XX.

Una palabra mas sobre Genoveva.

Despues de ver á Genoveva, Desdichado y Golo, los niños pedian, como tambien lo hubieran pedido los nuestros, ver todavía á la cierva.

El conde habia mandado construir un bonito establo para ella sola, bien que á ratos la dejaban ir suelta por el patio y por todo el castillo; pues los mas de los dias, subia triscando por la escalera arriba y se presentaba en el aposento de Genoveva, que no dejaba la sacasen de allí sino despues de haberla acariciado un rato. Sumamente familiar con todos, se dejaba acariciar por cualquiera, comia en la mano, y ni aun los perros de caza del castillo le hacian nada aunque la viesen.

Para los niños sobre todo, era una gran diversion el ver al hermoso animal: ellos le daban pan y la acariciaban abrazando su cuello y pasándole la mano por el lomo.

«Dios mio, solian decir á veces, si no fuera por la cierva, nuestra querida condesa y nuestro buen condesito hubieran muerto de hambre en el desierto.

—Por eso no se debe hacer daño á los animales, les respondia la muchacha que la cuidaba. Si nosotros no tuviéramos bueyes que uncir al arado, ni vacas que nos dieran leche, lo pasaríamos tan mal como lo hubiera pasado sin la cierva en el desierto nuestra querida condesa. El mundo mismo, ¿qué seria para nosotros sin los animales? un desierto. Pocos campos se verian entonces cultivados, y las mas hermosas praderas no nos serian de ninguna utilidad. Con que así, no incomodeis á las bestias, y antes por el contrario dad gracias á Dios por este beneficio.»

No se sabe á punto fijo los años que vivió Genoveva despues de estos acontecimientos: lo que se sabe de una manera positiva es que vivió feliz el resto de sus dias, que su vida fué una cadena no interrumpida de buenas obras, y dulce y tranquilo su fin. Su existencia, á contar desde su portentosa salvacion, se asemejó á una de esas apacibles y hermosas tardes de primavera que hay despues de una borrasca, y su muerte como una de esas puestas de sol en que el astro rey, sin estinguirse, se aleja gradualmente, nos emite su postrer rayo, y desaparece á nuestra vista para brillar mas magnifico en otro hemisferio.

A sus exéquias asistieron una multitud innumerable de personas, que derramaron copiosas lágrimas sobre su tumba, aunque nadie con mas fervor que Sigifredo y Desdichado. La fiel cierva echada sobre su losa, no hubo medio de separarla de ella. Llevábanle forrage, pero en vano, pues no lo probaba; y así estuvo, hasta que al fin una mañana la encontraron muerta sobre su sepulcro.

El conde hizo erigir á la memoria de su esposa un magnifico monumento de mármol blanco, en cuya base se veia esculpida á la cierva sobre la losa funeraria.

A instancias de Genoveva, Sigifredo habia así mismo mandado edificar en el desierto una hermita. A la derecha, junto á la caverna que habitara por espacio de siete años, estaba la capilla bendecida por el santo prelado Hidolfo y que intituló el pueblo hermita de la SEÑORA. En las paredes se pintó detalladamente toda la historia de Genoveva, y en el altar se colocó, á la muerte de Desdichado ricamente engastada, la crucecita de madera rústica que despertaba tan enternecedores recuerdos.

Al otro lado de la cueva habia una celdita para el hermitaño, con un huertecito regado por el manantial.

Cuantos venian de continuo á visitar aquel santuario, eran acogidos por el bondadoso hermitaño que les enseñaba todo: la crucecita, los cuadros, la cueva, la piedra en que se arrodillaba Genoveva, el manantial en que habia bebido, les contaba su historia y acababa por exhortarles á que la tomasen por modelo.

En cuanto al pueblo, veneró á Genoveva como una santa, y casi un siglo despues de los acontecimientos que llevamos referidos, aun se oia decir á alguno que otro anciano: «Yo ví aun siendo niño á Genoveva,» y se gloriaba en repetir á sus nietos que estaban pendientes de su palabra lo que habia dicho la condesa.

El castillo de Sifreburgo, residencia de Genoveva y Sigifredo, fué andando el tiempo demolido, y hoy no se ven mas que algunas ruinas á inmediaciones de Coblentza denominadas de *Altsimmern*. Pero el amor y veneracion hácia Genoveva persevera mas indestructible que sus almenas. El tiempo no ha podido borrar su memoria de la faz de la tierra, y muchas señoras y señoritas llevan aun en nuestros dias el nombre de Genoveva.

FIN.

	PÁG.
I.—Casamiento de Genoveva con el Conde Sigifredo.	7
II.—Parte el conde Sigifredo á la guerra.	14
III.—Falsa acusacion contra Genoveva.	21
IV.—Genoveva en la prision.	25
V.—Genoveva es madre en la prision.	30
VI.—Anuncio de muerte.	36
VII.—Genoveva es conducida á la muerte	43
VIII.—La cierva.	51
IX—Genoveva en el desierto.	60
X.—Regocijos maternales de Genoveva en el desierto.	69
XI.—Genoveva equipada por un lobo.	84
XII—Enfermedad de Genoveva.	94
XIII.—Genoveva se prepara á morir.	106
XIV.—Pesadumbre del conde Sigifredo.	119
XV.—Hallazgo de Genoveva.	132
XVI.—Regreso de Genoveva al castillo.	144
XVII.—Genoveva vuelve á ver otra vez á sus padres.	160
XVIII.—Las tribulaciones de Genoveva traen la prosperidad al pais.	174
XIX.—Fatal destino de Golo.	180
XX.—Una palabra mas sobre Genoveva.	185

FIN DEL ÍNDICE.

El precio de cada tomo es de 4 rs. con rica encuadernacion de fantasía con relieves y planchas de oro, de mucho efecto, á 4 rs. con la cubierta al cromo representando un hermoso paisaje y 4 rs. y medio en percalina con plancha dorada, y 2 y medio en rústica.

Remitiendo 7 sellos á Juan Roca, editor, calle de la Platería n.° 44, Barcelona, se enviará franco por el correo en rústica.

No hay necesidad de tomar todos los tomos que vayan saliendo, sino que se podrá escoger de entre ellos.

Los tomos que se han publicado son:

Tomo I. El corderito.—El niño perdido.—La sortija encontrada.—**Tomo II.** El cestillo de flores.—**Tomo III.** La paloma.—Luisito, el pequeño emigrado.—**Tomo IV.** Genoveva de Brabante.—**Tomo V.** El jóven ermitaño.—La luciérnaga.—El canario.—La familia cristiana.—**Tomo VI.** Eustaquio.—**Tomo VII.** La capilla del bosque.—Seguido de ocho nuevos cuentos.—**Tomo VIII.** Rosa de Tannenburgo.—**Tomo IX.** El rosal.—La cruz de madera.—La ingratitud y el cementerio de la aldea.—**Tomo X.** Timoteo y Filemon.—**Tomo XI.** Fernando, historia de un jóven conde de España.—**Tomo XII.** Huevos de Pascua.—Un dia de felicidad, y Kreutzers.—**Tomo XIII.** Hirlanda condesa de Bretaña.—María, ó la fiesta de las rosas.—**Tomo XIV.** Itha, duquesa de Toggenbourg, seguido de las rosas encarnadas y blancas y de Teresa Muller.—**Tomo XV.** La Cartuja seguido del pequeño deshollinador.—**Tomo XVI.**—La Guirnalda de Vidarria, seguido de Luisa y María y el incendio.—**Tomo XVII.** Los dos hermanos y el Ruiseñor.—**Tomo XVIII.** Cien cuentecitos para niños.—**Tomo XIX.** Agnés, la jóven tocadora de laud.

En publicacion por el mismo autor.

Tomo XX. El buen Fridolin y el pícaro Tierry.—**Tomo XXI.** El jóven Enrique de Eichenfels.—**Tomo XXII.** Cien cuentecitos mas para niños.—**Tomo XXIII.** La noche de Navidad.—**Tomo XXIV.** La buena Fridolina y la pícara Dorotea.

Libros de fondo que se hallan en casa del editor Juan Roca y Bros, calle de la Platería número 44, Barcelona.

Teatro de la niñez. Coleccion de comedias para Niños y Niñas, con aprobacion de la autoridad eclesiástica: han salido:

La viuda improvisada ó respeto á los superiores, comedia en un acto para Niñas, á un real 25 céntimos.

La vuelta del cruzado. Drama en dos actos para niños y para jóvenes sacado de un episodio de la edad media á 2 reales 25 céntimos.

Biblioteca piadosa. N.º 1.º Breves meditaciones sobre los cuatro Novísimos por el P. J. Pedro Pinamonti de la Compañia de Jesus, un opúsculo á 50 rs. el ciento y 6 cuartos uno.

N.º 2.º **Cuatro máximas** de cristiana filosofía sobre la eternidad, por el P. J. Bautista Manni de la Compañia de Jesús, un opúsculo á 50 reales el ciento y 6 cuartos uno.

N.º 3.º **Breve diálogo**, para llegar el alma con brevedad á la perfeccion cristiana á tres cuartos uno y 24 rs. el ciento.

N.º 4.º **Kempis Mariano**, ó sea la imitacion de la Inmaculada Vírgen María, traducida por el Dr. D. José Amores, Pbro., un tomo de 128 páginas á 3 reales bellamente encuadernado.

N.º 5.º **La religion al alcance del pueblo**, cartas imparciales á un trabajador. Carta 1.ª La Iglesia Romana.

N.º 6.º **Carta 2.ª** Los dias de fiesta, por el Dr. D. José Amores, Pbro., opúsculos de 64 paginas á 4 cuartos cada uno.

El dia festivo santificado, ó sea esplicacion detallada de lo que debe saber el cristiano católico sobre los dias del Señor por el Dr. D. José Amores Pbro., un tomo de 392 páginas al ínfimo precio de 4 reales en piel de color.

Nuevo tratado para crias de canarios, y curarles toda especie de enfermedades á 1 real.

Plano de Barcelona, con la parte del ensanche hasta la villa de Gracia, en gran pliego á 12 rs. ricamente encuadernado.

Compendio de la taquigrafía española, ó arte de escribir tan velozmente como se habla, sin necesidad de maestro: por D. Cayetano Cornet y Mas, segunda edicion á 10 rs.

El alma penitente, efectos y consideraciones piadosas que sobre los salmos 50 y 102 escribió en francés la V. M. Sor Luisa de la Misericordia, un tomo de 332 páginas á 4 rs. encuadernado en piel de color.

Historia sagrada, compendio del antiguo Testamento escrito en aleman por el Canónigo Cristóbal Schmid, para las escuelas de primera enseñanza, y traducido del Francés por D. Agustin Rius, Maestro de la escuela pública superior de Sabadell, con aprobacion de la autoridad eclesiástica: un tomo en 8.º á 4 rs. en cartoné.

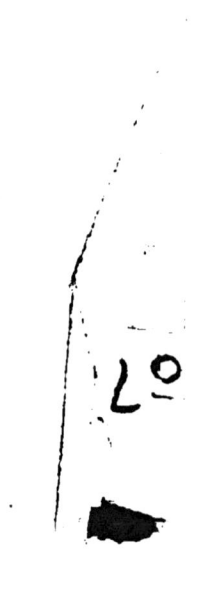